INTERVENTI

Gianluigi Bonanomi - Giuseppe Lavenia

INTELLIGENZA ARTIFICIALE E TECNOLOGIA IN CLASSE

Guida per insegnanti per un uso consapevole

MURSIA

Immagine di copertina: © vectorfusionart/123RF.com.

www.mursia.com

I edizione 2025

Smartphone e IA a scuola: la posizione del Ministero

Vieteremo gli smartphone a scuola ai minori di 14 anni. E avvieremo sperimentazioni per portare l'intelligenza artificiale a scuola, sia alle medie sia alle superiori. Genio o schizofrenia? Perché entrambe le decisioni arrivano dallo stesso ministro dell'Istruzione e del Merito, Giuseppe Valditara, che da un lato vuole proibire qualsiasi utilizzo del digitale a scuola, almeno ai minori di 14 anni. E allo stesso tempo vuole sperimentare quanto la tecnologia più dirompente degli ultimi anni, l'IA, possa essere efficace come supporto alla formazione.

Ma andiamo per ordine e iniziamo con il primo tema, cioè la circolare dell'11 luglio 2024 che a tutti gli effetti a partire dall'anno scolastico 2025/2026 proibisce l'uso di tablet e smartphone «anche per scopi didattici». Il motivo? Lo dice Valditara stesso: «Perché non credo che si faccia buona didattica con un cellulare fino alle scuole medie» e sulla circolare sottolinea come «importanti studi internazionali hanno rilevato la diretta correlazione fra l'uso del cellulare in classe, anche a scopo educativo e didattico, e il livello degli apprendimenti degli alunni». Gli studi a cui fa riferimento sono due: *Global Education Monitoring Report del 2023. Technology in education: a tool on Whose Terms?* dell'Unesco e il *Report PISA 2022 Results Learning during – and from – Disruption*. Secondo Valditara, queste ricerche evidenziano come gli smartphone abbiano un impatto sul naturale sviluppo cognitivo nei ragazzi. Analizzando il rapporto Unesco, effettivamente, si legge che gli smartphone tendono a distrarre gli studenti, e cita studi che correlano l'uso dei telefoni con un leggero calo del rendimento scolastico. Non solo: la ricerca di Unesco cita anche il Report Pisa, che suggerisce una correlazione fra un calo delle performance degli studenti quando il telefono viene utilizzato oltre una certa soglia di tempo.

In generale, insomma, le affermazioni del ministro sembrano corrette. Ma a un'analisi più approfondita lo studio di Unesco non dice solamente questo e, soprattutto, non porta certezze granitiche. Se è vero che secondo alcune analisi anche solo la presenza dello smartphone può portare a distrarre gli studenti, Unesco sottolinea anche che altri studi sostengono invece come gli smarpthone possano avere un impatto positivo. A confermarlo una serie di meta-analisi su 272 studi, riferiti a vari livelli di educazione scolastica, che invece suggeriscono come l'uso della tecnologia a scuola possa portare a un impatto positivo sui risultati degli studenti.

Ma come? Un'analisi di Unesco di ben 57 pagine si contraddice così? Non proprio. Lo studio Unesco sottolinea infatti che queste analisi sono state condotte senza dei gruppi di controllo, fatto che rende difficile compararli: «Poiché le sintesi delle prove esistenti possono oscurare i meccanismi d'impatto, è importante esaminare separatamente le valutazioni dei singoli tipi di interventi di apprendimento basati sulla tecnologia».

Lo studio di Imparadigitale

Per approfondire l'analisi possiamo prendere come riferimento un altro studio pubblicato nel 2020 da Imparadigitale intitolato *Digitale sì, digitale no*. Un'analisi molto approfondita, effettuata anche con un gruppo di controllo. Uno studio che sottolinea come effettivamente l'uso degli smartphone oltre certi limiti abbia un effetto negativo sull'attenzione e sul rendimento scolastico, ma questo anche al di fuori delle mura scolastiche. La maggior parte degli studenti dai 10 anni in su, infatti, è dotata di uno smartphone, e nella maggior parte dei casi in famiglia non ci sono regole precise sui tempi di utilizzo. Inoltre, però, emerge che il problema non sono gli strumenti tecnologici, ma come vengono utilizzati. L'analisi di Imparadigitale dice chiaramente che la tecnologia di per sé è neutrale. L'impatto che può avere sugli studenti dipende moltissimo da come gli insegnanti la usano e, aspetto da non sottovalutare, dalla loro voglia e capacità di adattare i loro metodi di insegnamento a un mondo che cambia. Lo studio, infatti, sostiene che gli insegnanti più motivati e più propensi a sperimentare nuovi approcci formativi che incorporano la tecnologia tendono ad avere risultati migliori rispetto agli altri.

Se si desidera inserire strumenti tecnologici nell'apprendimento, del resto, bisogna saperli usare. E non tutti gli insegnanti italiani (ma è un discorso che vale anche in altri Paesi) hanno le competenze digitali richieste. Anzi, probabilmente i nostri insegnanti sono messi peggio sotto questo profilo dei colleghi europei, per lo meno a giudicare dalle statistiche DESI, che misurano il livello di digitalizzazione della società, che mettono l'Italia in 18ª posizione su 23 Paesi, quindi in fondo alla classifica.

La formazione sull'IA

Se sullo smartphone a scuola prima dei 14 anni il ministro Valditara è totalmente contrario, per gli studenti più grandi invece sembra aperto a introdurre l'IA nella formazione, almeno a livello sperimentale. Già da settembre, infatti, è stata lanciata una sperimentazione in 15 scuole di Calabria, Lazio, Toscana, Lombardia. Durerà due anni e successivamente si deciderà se potenziarla o meno sulla base delle valutazioni, che saranno a opera di Invalsi, che si occuperà di confrontare i risultati delle classi sperimentali confrontandoli con quelle «tradizionali».

Due gli obiettivi di questo progetto. Prima di tutto, migliorare la qualità della formazione erogata agli studenti, che è uno dei principali traguardi che si è imposto il ministro nel suo mandato. Secondariamente, offrire esperienze formative e percorsi di apprendimento personalizzati per ogni singolo studente, facendo leva anche su assistenti virtuali di IA, che a tutti gli effetti collaboreranno coi docenti. Colpisce come il ministro riesca a essere così chiuso alla tecnologia prima dei 14 anni e tanto aperto più avanti: questo progetto di IA, infatti, è uno dei primi al mondo. Qualcosa di cui andare fieri in un'Italia che, sotto il profilo del digitale, tende a posizionarsi sempre fra gli ultimi.

Fra gli altri esperimenti a livello internazionale, possiamo citare Elements of IA, un corso di intelligenza artificiale pensato per studenti delle scuole superiori e per adulti. Sviluppato dall'Università di Helsinki in collaborazione con l'azienda di IA Reaktor, il corso non mira solo a introdurre le basi teoriche dell'intelligenza artificiale, ma anche a stimolare il pensiero critico e l'etica digitale. Va detto che questo progetto non fa parte del programma ufficiale, ma è facoltativo. Nonostante questo, più di 10.000 studenti hanno già completato il corso di IA, spingendo le autorità educative finlandesi a valutare se integrarlo ufficialmente nel curriculum scolastico.

L'approccio della Finlandia è significativo perché combina formazione teorica e applicazioni pratiche, con particolare attenzione agli aspetti etici. Come riportato da EdTech Europe, un rapporto di monitoraggio dell'efficacia del corso ha mostrato che oltre l'85% degli studenti ha migliorato le proprie competenze digitali e la comprensione dei rischi e dei benefici dell'IA nell'ambito educativo (EdTech Europe, 2023). Questo modello finlandese potrebbe rappresentare un punto di riferimento per altri Paesi europei.

In Israele, invece, il ministero dell'Istruzione ha lanciato un programma pilota per insegnare l'inglese utilizzando IA e chatbot interattivi, pensati per simulare conversazioni in lingua. La piattaforma, sviluppata in collaborazione con Microsoft Education, offre agli studenti delle scuole superiori l'opportunità di conversare virtualmente con un assistente linguistico basato su IA, che adatta il livello di complessità delle conversazioni in base alla competenza dello studente. Il ministero dell'Istruzione israeliano ha segnalato un incremento del 15% nella fluidità linguistica tra gli studenti che utilizzano regolarmente il chatbot rispetto ai metodi tradizionali (Israeli Ministry of Education, 2023).

Un approccio ancora differente arriva dal Regno Unito, dove il governo sta avviando programmi pilota ed esplorando l'uso dell'IA per identificare precocemente i bisogni educativi speciali negli studenti. Fra questi spicca il progetto Third Space Learning, sviluppato in collaborazione con il Department for Education britannico, che utilizza algoritmi di IA per analizzare i dati sugli studenti e indicare i primi segnali di difficoltà di apprendimento, in modo che gli insegnanti possano intervenire rapidamente.

Secondo una ricerca della British Educational Research Association, il progetto Third Space Learning ha ridotto del 20% il tempo medio necessario per identificare le difficoltà di apprendimento tra gli studenti della scuola primaria. Questo progetto riflette un crescente interesse verso l'utilizzo dell'IA per creare ambienti di apprendimento più inclusivi, dove ogni studente possa ricevere un supporto su misura. Un approccio differente da quello scelto dal ministro Valditara, ma che condivide gli stessi obiettivi: usare l'IA per realizzare percorsi formativi personalizzati, in grado di coinvolgere e valorizzare maggiormente le capacità di ogni singolo studente.

Conclusioni

Se non ci sono dubbi sul fatto che l'aver avviato un programma di sperimentazione sull'IA nelle scuole sia una scelta intelligente che fa ben sperare per il futuro dell'educazione in Italia, il «ban» totale degli smartphone come strumenti per la formazione sotto i 14 anni è un punto su cui si può dibattere. È vero che più di uno studio suggerisce come questi strumenti possano risultare una distrazione per i ragazzi più giovani, su questo non ci sono dubbi. Ma, come indicano varie ricerche, incluse quelle citate dal ministro, questi studi non raggiungono conclusioni definitive e condivise da tutti gli esperti. Certamente la tecnologia può aiutare a stimolare i ragazzi e a rendere le lezioni più interattive e interessanti per i ragazzi. Come sottolineato dalla ricerca di Imparadigitale, però, per ottenere risultati positivi è necessario che gli insegnanti padroneggino le nuove tecnologie, cosa che non è scontata. Probabilmente, per rendere veramente efficace l'uso degli strumenti digitali in ambito formativo, in particolare fra i ragazzi più giovani, è necessario un cambio di mentalità, che passi prima di tutto dalla formazione dei docenti.

Introduzione

30 novembre 2022: il mondo scopre ChatGPT.

1° dicembre 2022: il mondo della scuola fa altrettanto.

Nelle settimane e mesi successivi si registrano decine, centinaia di articoli, post, stories e TikTok di un certo tenore (vedi immagine nella pagina seguente).

Il tono di alcuni ragazzi è trionfalistico: «Abbiamo finito di fare i compiti!».

Il fenomeno cresce, gli alunni accedono a ChatGPT anche quando è proibito in Italia per via di un intervento del Garante della Privacy. Dall'altra parte della trincea non si dormono sonni tranquilli: alcuni insegnanti si accorgono degli inganni ma le contromisure, come cantava De André in *Bocca di rosa*, si limitano all'invettiva: in alcuni casi pare di assistere al bullismo contro ChatGPT! Alcune scuole, più risolute, corrono ai ripari: alcuni istituti proibiscono l'uso dei chatbot, altri rivedono le modalità d'esame, tornando a carta e penna.

Quando sembra che tutto sia irrimediabilmente compromesso, nell'estate del 2023 iniziano a circolare notizie in controtendenza. Pare che l'hype sia passato, il fenomeno scema, l'interesse verso il chatbot di OpenAI crolla. La società di monitoraggio del traffico web SimilWeb registra, ad agosto, un significativo calo di utenti e del tempo di permanenza sulla piattaforma, rispetto ai due mesi precedenti. Questo trend suscita interrogativi sul futuro di ChatGPT e sulla sua capacità di mantenere l'interesse degli utenti nel tempo. Poi, a settembre, il traffico torna vigoroso come, e più, di prima. Cos'è successo? Dday tito-

la: «La vera ragione del calo di utenti ChatGPT? Gli studenti sono in vacanza».

Servono altre prove per testimoniare che l'intelligenza artificiale abbia già conquistato gli studenti e molti insegnanti? Basta cercare in rete. Il numero di articoli, approfondimenti e corsi sull'IA per i prof supera anche quello dell'invasione dell'intelligenza artificiale nel mondo delle aziende: nulla in confronto all'hype per il metaverso durante la pandemia. Ragazzi e professori trovano in ChatGPT uno strumento versatile per la generazione di testi, la risoluzione di quesiti complessi e l'assistenza nello studio. La sua capacità di fornire risposte contestualizzate e di interagire in modo naturale con gli utenti rende questo nuovo tool un valido supporto didattico, stimolando curiosità e apprendimento. Inoltre, molti insegnanti stanno sfruttando i chatbot anche per stendere programmi, compilare verbali, scrivere progetti, rispondere ai bandi e così via.

Questo testo vuole essere un supporto per il lavoro degli insegnanti da tanti punti di vista. Parleremo di scenario, strumenti, idee, questioni psicologiche ed etiche, e altro ancora. Non mancheranno anche tante idee concrete per organizzare dei laboratori in classe. Sempre partendo dal presupposto che l'IA non deve costituire una minaccia ma un aiuto: del resto Microsoft ha chiamato la sua IA «Copilot», non pilota.

SO YOU'RE TELLING ME AI IS THE FUTURE
BUT YOU ARE BANNING IT IN THE CLASSROOM.

Capitolo Primo

La tecnologia nella didattica moderna

Negli ultimi anni nuove modalità di insegnamento e di apprendimento sono entrate a gamba tesa nella scuola, rendendo il processo formativo aperto a soluzioni un tempo impensabili: basti pensare a come la pandemia abbia combinato i momenti di insegnamento in presenza con le lezioni a distanza, la famigerata FAD, mettendo in risalto i limiti e le possibilità di entrambi i sistemi.

L'uso della tecnologia arricchisce l'esperienza di apprendimento, stimola la motivazione, la creatività e favorisce sia la collaborazione sia la comunicazione tra studenti e insegnanti.

Le offerte sul mercato non mancano: piattaforme digitali come G-Suite for Education, Office 365 Education e tutte le altre risorse cloud di cui è stato fatto largo uso durante i lockdown del 2020/2021, sono la prova della varietà di applicativi adatti all'insegnamento. In particolar modo, il mobile learning, cioè l'apprendimento tramite dispositivi mobili, come smartphone, tablet o laptop, permette agli studenti di apprendere in qualsiasi luogo e momento in maniera flessibile e dinamica. Anche la realtà aumentata, cioè la tecnologia in grado di creare ambienti immersivi che sovrappongono elementi digitali alla realtà percepita, può rendere l'esperienza di apprendimento ancora più coinvolgente e realistica.

Infine, grazie ai suoi progressi in tempi recenti, è possibile comunicare tramite linguaggio naturale con l'intelligenza artificiale, come è stato ampiamente dimostrato da ChatGPT e da tutte le altre IA che sono apparse dopo il suo lancio.

La tecnologia, quindi, offre infinite possibilità, ma va usata in modo appropriato, efficace e responsabile. Le scuole devono avere, quindi, non solo infrastrutture, risorse e competenze adeguate, ma anche una visione strategica e condivisa sulla sua integrazione.

Famiglia e sicurezza

Il primo passo dovrebbe essere quello di garantire un ambiente «sicuro», in grado di accompagnare i ragazzi all'interno del mondo di Internet in modo che possano evitare i pericoli collegati alla rete, pur sfruttando al meglio le potenzialità dello strumento per corroborare la propria preparazione scolastica. Viene da sé che il primo luogo dove questo approccio debba avere inizio sia la famiglia. Generazionalmente a cavallo fra l'epoca analogica e l'epoca digitale, i genitori degli studenti che attualmente frequentano le scuole non hanno avuto modo di integrare nel proprio processo formativo un'adeguata consapevolezza dei rischi e delle possibilità derivanti dall'esposizione dei ragazzi a Internet, specialmente quando questi sono ancora in tenera età: si può dire con certezza che i genitori contemporanei non hanno avuto un esempio cui fare riferimento per potersi orientare nel difficile mondo dell'educazione dei figli. Lo smartphone e il tablet, per i bambini, sono come era la televisione per i loro genitori: un modo per tenerli occupati e intrattenerli. La televisione, però, era un mezzo molto più sicuro rispetto ai dispositivi in grado di accedere al web. Per questo è bene che anche gli alunni già avvezzi da tempo alla navigazione in rete, non siano lasciati soli e alla deriva nel mare di Internet. Quindi, se non è possibile annullare gli eventuali danni già fatti, è sicuramente possibile, e auspicabile, individuare delle linee guida comuni per famiglie, docenti e ragazzi, in modo da mitigare i rischi. Non essendo concepibile eliminare lo smartphone (o le future tecnologie complementari a questo, certamente più evolute) dalla vita dei cittadini di ogni età, il motto dovrebbe essere: «Se non puoi batterlo, fattelo amico». Internet, quando approcciato in un ambiente protetto e guidato, è lo strumento di insegnamento più potente a cui il mondo della scuola abbia mai avuto accesso.

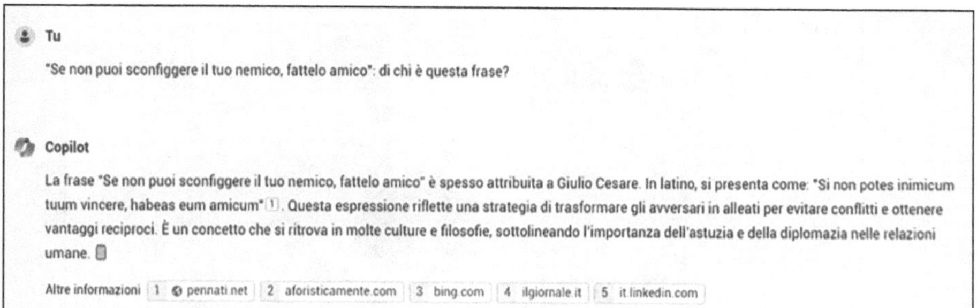
Tu

"Se non puoi sconfiggere il tuo nemico, fattelo amico": di chi è questa frase?

Copilot

La frase "Se non puoi sconfiggere il tuo nemico, fattelo amico" è spesso attribuita a Giulio Cesare. In latino, si presenta come: "Si non potes inimicum tuum vincere, habeas eum amicum" [1]. Questa espressione riflette una strategia di trasformare gli avversari in alleati per evitare conflitti e ottenere vantaggi reciproci. È un concetto che si ritrova in molte culture e filosofie, sottolineando l'importanza dell'astuzia e della diplomazia nelle relazioni umane.

Altre informazioni 1 pennati.net 2 aforisticamente.com 3 bing.com 4 ilgiornale.it 5 it.linkedin.com

È indispensabile adattarsi al progresso e cavalcare le nuove scoperte: il genere umano, del resto, è stato totalmente trasformato dalle tecnologie, a partire dell'invenzione della ruota fino alle più recenti scoperte scientifiche. Già un secolo fa, John Dewey, il celebre pedagogista statunitense, affermava che gli esseri umani vivono in un ambiente modificato dagli strumenti creati dalle generazioni precedenti. Alcuni di questi strumenti sono stati dei veri e propri punti di svolta per l'umanità: l'aratro medievale, la stampa, il vapore, l'elettricità. Sono state le invenzioni giuste al momento giusto che hanno cambiato radicalmente il nostro modo di vivere. L'esempio più adatto al nostro contesto è rappresentato dalla scrittura che, nonostante gli innegabili vantaggi rispetto alla tradizione orale, secondo Socrate era una cosa tutto sommato negativa perché indebolisce le capacità mnemoniche delle persone. Satya Nadella, CEO di Microsoft, paragona l'invenzione dell'IA a quello del fuoco o dell'elettricità...

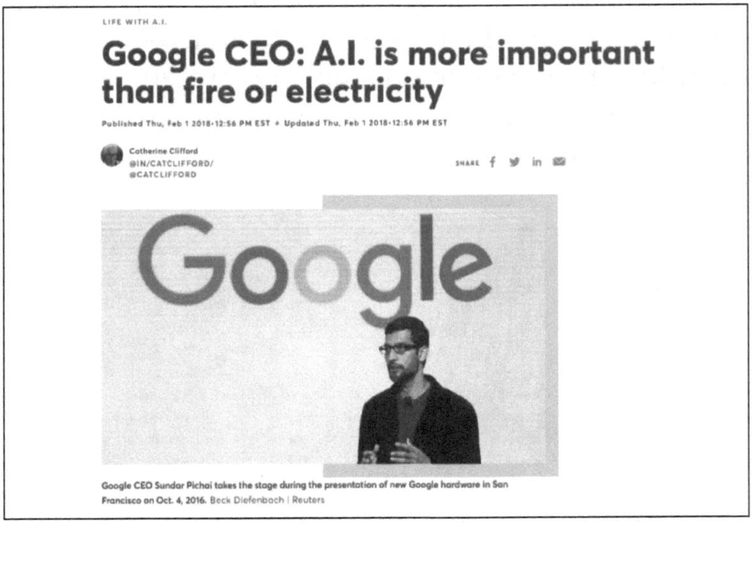
LIFE WITH A.I.

Google CEO: A.I. is more important than fire or electricity

Published Thu, Feb 1 2018·12:56 PM EST • Updated Thu, Feb 1 2018·12:56 PM EST

Catherine Clifford
@IN/CATCLIFFORD/
@CATCLIFFORD

SHARE

Google CEO Sundar Pichai takes the stage during the presentation of new Google hardware in San Francisco on Oct. 4, 2016. Beck Diefenbach | Reuters

Dispositivi digitali a scuola: divieti e opportunità

Il divieto di utilizzare lo smartphone durante le lezioni è in vigore da quando è stata emanata la circolare n. 30 del 15 marzo 2007, che proibisce agli studenti l'uso del cellulare durante le lezioni. Basata sullo «Statuto delle studentesse e degli studenti» del 1998, la circolare, benché non preveda sanzioni specifiche, considera l'uso dei cellulari e di altri dispositivi elettronici una fonte di distrazione. Più recentemente, la circolare del 19 dicembre 2023 ribadisce questo divieto affermando che «[...] l'uso del cellulare e di altri dispositivi elettronici rappresenta un elemento di distrazione sia per chi lo usa che per i compagni, oltre che una grave mancanza di rispetto per il docente [...]». La circolare afferma inoltre che «è viceversa consentito l'utilizzo di tali dispositivi in classe, quali strumenti compensativi di cui alla normativa vigente, nonché, in conformità al Regolamento d'istituto, con il consenso del docente, per finalità inclusive, didattiche e formative». È interessante fare alcune considerazioni a riguardo delle conseguenze della circolare. In primo luogo, come afferma il testo, la responsabilità della scelta sull'utilizzo dello smartphone in classe ricade sul Regolamento di istituto e sui singoli docenti: non sembra esserci, quindi, una strategia ministeriale che voglia dirigere in qualche modo le nuove tecnologie. La tattica messa in atto è quella del divieto con possibilità di deroga affidata alle singole classi. In secondo luogo, proprio questa libertà operativa sull'uso dei cellulari in classe si può rivelare un'ottima occasione per sfruttare tutte le potenzialità dei dispositivi mobili.

La comprensibile distanza fra l'approccio ministeriale «legislativo» e la sua esecuzione sul campo da parte dei singoli docenti è, quindi, contemporaneamente una sfida e un'opportunità.

Del resto, le oscillazioni nell'approccio normativo sull'uso dei dispositivi mobili personali durante le ore di lezioni sono state una costante degli ultimi anni: pur ribadendo il divieto espresso nella già citata circolare 30 del 2007, lo dimostrano anche le affermazioni del 2018 fatte dal ministro dell'Istruzione Fedeli a margine della presentazione della tre giorni per il Piano Nazionale Scuola Digitale: «Non è compito del ministero o della scuola decidere se i dispositivi sono bene o male, ma lo è insegnare a usarli nel modo più utile e corretto. Per permettere a ogni ragazza e ogni ragazzo di avere esperienze sicure, libere e consapevoli, contrastando in modo positivo e attivo, non con divieti ma proprio con l'educazione, ogni tipo di dipendenza, anche dagli strumenti tecnologici». Il ministro aveva poi condiviso le conclusioni della «Commissione sul corretto impiego degli strumenti digitali in classe per prevenire l'abbandono scolastico e incentivare l'innovazione didattica», con le seguenti dieci norme riguardanti i dispositivi mobili:

1. Ogni novità comporta cambiamenti. Ogni cambiamento deve servire per migliorare l'apprendimento e il benessere delle studentesse e degli studenti e più in generale dell'intera comunità scolastica;

2. I cambiamenti non vanno rifiutati, ma compresi e utilizzati per il raggiungimento dei propri scopi. Bisogna insegnare a usare bene e integrare nella didattica quotidiana i dispositivi, anche attraverso una

loro regolamentazione. Proibire l'uso dei dispositivi a scuola non è la soluzione. A questo proposito ogni scuola adotta una Politica di Uso Accettabile (PUA) delle tecnologie digitali;

3. La scuola promuove le condizioni strutturali per l'uso delle tecnologie digitali. Fornisce, per quanto possibile, i necessari servizi e l'indispensabile connettività, favorendo un uso responsabile dei dispositivi personali (BYOD). Le tecnologie digitali sono uno dei modi per sostenere il rinnovamento della scuola;

4. La scuola accoglie e promuove lo sviluppo del digitale nella didattica. La presenza delle tecnologie digitali costituisce una sfida e un'opportunità per la didattica e per la cultura scolastica. Dirigenti e insegnanti attivi in questi campi sono il motore dell'innovazione. Occorre coinvolgere l'intera comunità scolastica anche attraverso la formazione e lo sviluppo professionale;

5. I dispositivi devono essere un mezzo, non un fine. È la didattica che guida l'uso competente e responsabile dei dispositivi. Non basta sviluppare le abilità tecniche, ma occorre sostenere lo sviluppo di una capacità critica e creativa;

6. L'uso dei dispositivi promuove l'autonomia delle studentesse e degli studenti. È in atto una graduale transizione verso situazioni di apprendimento che valorizzano lo spirito d'iniziativa e la responsabilità di studentesse e gli studenti. Bisogna sostenere un approccio consapevole al digitale nonché la capacità d'uso critico delle fonti di informazione, anche in vista di un apprendimento lungo tutto l'arco della vita;

7. Il digitale nella didattica è una scelta: sta ai docenti introdurla e condurla in classe. L'uso dei dispo-

sitivi in aula, siano essi analogici o digitali, è promosso dai docenti, nei modi e nei tempi che ritengono più opportuni;

8. Il digitale trasforma gli ambienti di apprendimento. Le possibilità di apprendere sono ampliate, sia per la frequentazione di ambienti digitali e condivisi, sia per l'accesso alle informazioni, e grazie alla connessione continua con la classe. Occorre regolamentare le modalità e i tempi dell'uso e del non uso, anche per imparare a riconoscere e a mantenere separate le dimensioni del privato e del pubblico;

9. Rafforzare la comunità scolastica e l'alleanza educativa con le famiglie. È necessario che l'alleanza educativa tra scuola e famiglia si estenda alle questioni relative all'uso dei dispositivi personali. Le tecnologie digitali devono essere funzionali a questa collaborazione. Lo scopo condiviso è promuovere la crescita di cittadini autonomi e responsabili;

10. Educare alla cittadinanza digitale è un dovere per la scuola. Formare i futuri cittadini della società della conoscenza significa educare alla partecipazione responsabile, all'uso critico delle tecnologie, alla consapevolezza e alla costruzione delle proprie competenze in un mondo sempre più connesso.

In questo contesto, il più recente decreto ministeriale 184 del settembre 2023 rappresenta una svolta significativa perché, in attuazione delle linee guida per le discipline STEM (Scienze, Tecnologia, Ingegneria e Matematica), richiede a tutte le istituzioni scolastiche, dall'infanzia al secondo ciclo di istruzione, di aggiornare il Piano Triennale dell'Offerta Formativa (PTOF) e il curricolo d'istituto, integrandoli

Tú

ChatGPT: mi spieghi, come se fossi un bambino di 10 anni, che cos'è il PTOF?

ChatGPT

Certo, Gianluigi! Il PTOF, che sta per Piano Triennale dell'Offerta Formativa, è un po' come il grande piano di un capitano di nave che stabilisce la rotta per il suo viaggio. Immagina che la scuola sia una nave che deve attraversare il mare dell'educazione per arrivare all'isola del sapere. Il PTOF è la mappa che aiuta la scuola a capire in quale direzione navigare per i prossimi tre anni.

Questo piano include tutte le cose importanti che la scuola vuole fare per aiutare gli studenti, come te, a imparare meglio e a crescere. Nel PTOF ci sono le materie che studierai, le attività extra come il teatro, lo sport o il laboratorio di informatica, e anche come i tuoi insegnanti lavoreranno insieme per rendere la scuola un posto ancora più bello e interessante dove imparare.

In pratica, il PTOF dice a tutti - studenti, insegnanti, e anche a chi lavora per fare funzionare la scuola - qual è il piano da seguire per rendere ogni anno di scuola pieno di apprendimenti nuovi, divertenti ed entusiasmanti, assicurandosi che tutti possano navigare insieme felicemente verso l'isola del sapere.

con azioni didattiche concrete, per rafforzare lo sviluppo delle competenze digitali e di innovazione.

L'apprendimento delle STEM non è più una priorità solo nazionale, ma di tutti i sistemi educativi a livello quanto meno europeo: le otto competenze chiave definite dall'Unione Europea nel 2006 (comunicare nella madrelingua, comunicare nelle lingue straniere, competenza matematica e competenze di base in scienza e tecnologia, competenza digitale, imparare a imparare, competenze interpersonali, interculturali e sociali e competenza civica, imprenditorialità, espressione culturale) ricoprono un ruolo cardine e costituiscono un punto di riferimento per l'educazione degli studenti di ogni ordine e grado.

La sfida, ancora una volta, è quella di costruire una scuola moderna, inclusiva, in grado di preparare gli studenti al futuro, sfruttando al meglio le potenzialità tecnologiche già esistenti. La collaborazione tra famiglie, docenti e ragazzi è fondamentale quindi per educare gli studenti a un uso consapevole, responsabile e critico delle tecnologie digitali e in particolar modo dello smartphone: ci sono gli strumenti, ci sono gli attori, ci sono le possibilità, ovverosia tutto quello che serve per gettare le fondamenta di una nuova scuola al passo coi tempi.

Formazione docenti

I comportamenti necessari e imprescindibili, quindi, sono affidati a docenti e allievi: è indispensabile che gli studenti siano educati a un uso etico, sicuro e consapevole degli smartphone, e che siano formati sulle competenze digitali necessarie per valutare e selezionare fonti e contenuti online; inoltre, è altrettanto indispensabile che gli insegnanti siano supportati nell'integrazione degli smartphone nelle loro pratiche didattiche quotidiane per renderle più efficaci.

È utile sottolineare l'importanza della formazione dei docenti per quanto riguarda le competenze digitali. Secondo l'indagine conoscitiva sull'impatto della digitalizzazione e dell'innovazione tecnologica sui settori di competenza della VII Commissione della Camera dei deputati, il 60% degli insegnanti in Europa non ha utilizzato l'apprendimento online prima della pandemia; inoltre, tra i docenti italiani, il 52% dichiara di aver ricevuto una formazione sull'uso delle ICT (Information and communications technology) per l'insegnamento, ma di questi solo il 36% si ritiene pronto a utilizzarle nella didattica. Infine, dopo che il 68% dei docenti italiani ha frequentato corsi di aggiornamento professionale (tra cui quelli sulle ICT per l'insegnamento), nei dodici mesi precedenti il sondaggio, il 16,6% di questi ha manifestato ancora una forte necessità di formazione.

Alla luce di questi dati possiamo avere conferma di due assunti fondamentali: da una parte è bene che le competenze digitali siano considerate abilità fondamentali da inserire in tutti i programmi formativi degli educatori; dall'altra è necessario che queste abilità vengano costantemente rinnovate tramite corsi di aggiornamento.

Questo approccio è, del resto, una scelta obbligata, perché la tecnologia sta evolvendo sempre più rapidamente e sta contemporaneamente occupando una posizione centrale in tutti i settori della vita: dalla salute al lavoro, dalla scuola alla sicurezza.

Pro e contro i dispositivi mobili a scuola

Al netto di normative e perplessità, non possiamo quindi ignorare i vantaggi didattici offerti dai vari dispositivi. Se da un lato rappresentano una possibile fonte di distrazione per gli studenti che possono essere tentati di usarli in aula per scopi non didattici (perdendo di conseguenza l'attenzione e la concentrazione), dall'altro lato rappresentano un'impareggiabile risorsa di apprendimento consentendo agli studenti di accedere a una varietà di informazioni, applicazioni e servizi online, in grado di arricchire e supportare il loro studio.

L'uso dei dispositivi mobili può anche favorire l'apprendimento collaborativo, permettendo agli studenti di comunicare e condividere con i loro compagni e con i loro insegnanti, sia in classe sia fuori dalla scuola. Perché? Grazie agli smartphone, la conoscenza è a portata di mano: in pochi secondi e ovunque si trovino, gli studenti possono accedere a un mare di risorse online: possono consultare enciclopedie e dizionari digitali, ottenere definizioni precise e approfondimenti su qualsiasi argomento. Per quanto riguarda gli audiovisivi, inoltre, la possibilità di guardare video e documentari, esplorare il mondo attraverso immagini e filmati appare come un passaggio indispensabile durante il processo di apprendimento moderno.

Ascoltare podcast e audiolibri consente di apprendere anche in movimento, sfruttando i tempi morti per arricchire il proprio bagaglio culturale allenando per giunta la capacità di ascolto e l'attenzione. La possibilità di svolgere ricerche in modo indipendente può migliorare il senso critico e la capacità di vagliare le informazioni, approfondire gli argomenti che li interessano maggiormente e rendere l'apprendimento più coinvolgente, favorendo il processo di memorizzazione e comprensione.

Ovviamente questi risultati sono raggiungibili previa un'introduzione chiara e programmatica delle modalità di accesso alle risorse online. Non tutte le informazioni che si trovano in rete sono affidabili, anzi: è fondamentale educare gli studenti all'uso del web, fornendo loro gli strumenti interpretativi in grado di imparare i processi e le metodologie necessarie all'identificazione dei siti web affidabili e autorevoli. La capacità di discriminare fra i risultati delle ricerche è l'unica strada per evitare che fake news, bufale e informazioni obsolete inquinino il percorso educativo dei ragazzi.

Saper incrociare le informazioni, confrontare diverse fonti per ottenere una visione completa e oggettiva di un argomento sono alla base dello sviluppo del pensiero analitico: la scienza insegna che è bene cercare le prove di tutto prima di essere ragionevolmente certi di aver trovato un'informazione corretta.

L'avvento degli smartphone ha rivoluzionato il modo di apprendere, aprendo le porte a un universo di opportunità grazie alle applicazioni educative: dalla matematica alla storia, passando per le lingue e le scienze, le app possono coprire ogni disciplina. Vere e proprie miniere di contenuti e strumenti didattici, queste offrono un'infinità di modi per arricchire e personalizzare l'esperienza di apprendimento degli studenti, dalla scuola primaria all'università: la matematica diventa interattiva con calcoli, equazioni e geometria rappresentati visivamente; la storia si anima con mappe interattive e ricostruzioni 3D, e le scienze prendono vita con simulazioni di esperimenti di fisica, chimica e biologia, mentre l'apprendimento delle lingue diventa un gioco con corsi completi e interattivi, capaci di ascoltare la pronuncia e correggere istantaneamente eventuali errori nella dizione.

Con le app per la creazione di contenuti multimediali, gli studenti possono realizzare presentazioni coinvolgenti e cimentarsi nel video editing o nella composizione musicale dando libero sfogo alla propria vena artistica.

L'universo delle applicazioni educative va ben oltre le materie tradizionali: esistono app per sviluppare le competenze di coding, programmazione e per imparare a suonare strumenti musicali o prepararsi a test di ammissione all'università o a concorsi pubblici.

I principali vantaggi di un apprendimento personalizzato sono l'interattività e il coinvolgimento perché rendono l'apprendimento più divertente e motivante, trasformando lo studio in un'esperienza nel complesso più piacevole.

L'accessibilità è un altro punto forte da non sottovalutare assolutamente, perché le app sono generalmente disponibili a costi contenuti e possono essere utilizzate in maniera trasversale, anche offline su smartphone e tablet (e talvolta anche su computer) rendendo l'apprendimento flessibile e accessibile a tutte le tasche.

Molte aziende, inoltre, propongono piani gratuiti o scontatissimi per scuole e studenti, rendendo ancora più abbordabile la spesa.

La scelta delle app e dei servizi online non deve essere affidata agli studenti: lo scopo è quello di approcciarsi alla scelta di questi strumenti esattamente come se fossero i classici libri di testo. La valutazione deve essere fatta, quindi, seguendo linee guida ben precise e ragionate perché lo smartphone non deve essere inteso come un sostituto del docente, ma come uno strumento da integrare nella programmazione didattica per un apprendimento completo e strutturato. Per questo motivo, l'uso delle app deve essere padroneggiato con disinvoltura anche e soprattutto dagli insegnanti, in modo che possano introdurre gli studenti al loro uso in maniera completa.

Le parole spendibili sui vantaggi connessi all'uso delle app con finalità didattiche potrebbero essere davvero molte. L'impiego dello smartphone in classe deve favorire un apprendimento interattivo inclusivo anche grazie a giochi, quiz e simulazioni capaci di stimolare la collaborazione in classe tra gli studenti. Immaginiamo di utilizzare la realtà aumentata: con app gratuite come Google Arts & Culture è possibile visitare virtualmente musei e siti archeologici oppure far apparire sullo schermo del telefono, tramite la fotocamera, le opere d'arte a grandezza naturale inserite nell'ambiente dove ci troviamo tramite la realtà aumentata, aprendo nuove frontiere all'apprendimento immersivo. Sicuramente è necessario porre l'attenzione anche sull'opportunità che queste rappresentano nel promuovere la collaborazione tra studenti: molte app, infatti, permettono di lavorare in gruppo su progetti e attività didattiche, favorendo la socializzazione, lo scambio di idee e la condivisione delle conoscenze. Possono quindi anche favorire l'inclusione facilitando l'apprendimento degli studenti con bisogni speciali, offrendo loro strumenti e supporti personalizzati.

Per integrare i dispositivi mobili nel percorso didattico a scuola, bisogna considerare alcuni fattori tecnologici. Prima di tutto, occorre sapere che ci sono due piattaforme principali: iOS e Android (ce ne sono di più con Android che con iOS); entrambe ovviamente, hanno bisogno di avere una connessione a Internet. Solamente usando il traffico dati dei gestori telefonici o usando una rete wi-fi è possibile accedere al web. Il cloud, infine, permette di lavorare su più dispositivi contemporaneamente, sincronizzando i dati fra più periferiche in due modi, con la sincronizzane sincrona e asincrona. Tramite la sincronizzazione sincrona è possibile accedere allo stesso file contemporaneamente da più dispositivi, mentre con la sincronizzazione asincrona è possibile lavorare sullo stesso documento in momenti diversi, avendo la certezza che ogni modifica sarà salvata e sincronizzata automaticamente ad ogni accesso alla rete. Un possibile scenario è quello in cui i dispositivi dei ragazzi in classe interagiscono con la LIM, la lavagna interattiva multimediale. Questo perché in realtà non è la LIM a interagire direttamente: è lo strumento condiviso, generalmente un computer, che pilota la LIM. La lavagna interattiva multimediale, semplificando, è solamente un grosso monitor. La maggior parte dell'interazione, quindi, può avvenire attraverso gli strumenti di base, come Google Workspace. Per esempio, aprendo un Google Doc sul computer che controlla la lavagna è possibile condividerlo con gli studenti sia in scrittura sia in lettura tramite la condivisione sincrona. In questo modo, tutto quello che ciascun alunno fa sul proprio dispositivo si può vedere anche sullo schermo. Inoltre, esiste la possibilità di poter effettuare il mirroring, cioè mostrare lo schermo della propria periferica sullo schermo condiviso della LIM.

Per usare questi sistemi di sincronizzazione occorre che la gestione degli account personali degli studenti sia organizzata fin da subito in vista del suo impiego nel percorso didattico tecnologico per sfruttare al massimo l'interoperabilità fra i vari dispositivi (smartphone, tablet, computer). In questo modo sarà possibile creare una sorta di «infrastruttura» digitale in grado di semplificare la condivisione di documenti. Testi, immagini, audio, link e altre risorse saranno immediatamente disponibili agli studenti che saranno stati preventivamente guidati nella corretta configurazione dei propri account. Questi risultati, banali per alcuni e più complessi per altri, costituiscono, in realtà, le fondamenta su cui poter costruire le competenze necessarie per usare la tecnologia già presente sia negli smartphone sia in gran parte degli istituti scolastici.

Sicuramente gli argomenti a riguardo sono molteplici e hanno bisogno di una strategia precisa per poter essere padroneggiati ma, al contempo, sono altrettanto chiari e ben identificabili: ogni tappa nel processo di impiego degli smartphone nella didattica moderna è definito con terminologie univoche, chiare e facilmente decifrabili anche dai non addetti ai lavori. Imparare a leggere a scrivere è una competenza che richiede indubbiamente maggiori capacità e sforzi cognitivi rispetto all'impiego dei dispositivi mobili in classe, eppure è una cosa che si impara già dalla scuola primaria e, in molti casi, anche prima: continuando il paragone grammaticale, possiamo dire che lo smartphone e la connessione a Internet siano l'ABC, mentre la gestione degli account siano le regole grammaticali di base per poter cominciare un percorso linguistico in grado di aprire le porte all'acquisizione di conoscenze trasversali e alla comunicazione interpersonale sia in presenza sia a distanza.

AL DI LÀ DELLA TECNOLOGIA: GUIDARE GLI STUDENTI NELL'ERA DIGITALE CON CONSAPEVOLEZZA

Cari insegnanti e docenti,

avete navigato con noi attraverso il primo capitolo, esplorando l'evoluzione del paesaggio educativo nell'era digitale, dove le tecnologie emergenti come le piattaforme di apprendimento online, la realtà aumentata e l'intelligenza artificiale promettono di rivoluzionare il modo in cui insegniamo e apprendiamo. Questi strumenti, sebbene offrano opportunità ineguagliabili per personalizzare l'istruzione e stimolare la collaborazione, introducono anche sfide significative che richiedono una riflessione approfondita sul nucleo dell'esperienza educativa: l'interazione umana e il benessere degli studenti nel contesto digitale.

Il vostro ruolo trascende l'ambito della trasmissione di conoscenze, estendendosi alla cura del benessere psicologico e cognitivo degli studenti. L'approccio con cui guidate gli studenti attraverso le sfide e le opportunità dell'integrazione tecnologica in classe ha un impatto profondo sul loro sviluppo. Le neuroscienze ci illuminano sul fatto che l'apprendimento è un processo attivo che modella il cervello, influenzando le capacità intellettuali e il vissuto emotivo degli studenti. È, quindi, essenziale che l'uso degli strumenti digitali in classe sia attentamente ponderato, non solo in termini di obiettivi didattici ma anche considerando l'impatto sullo sviluppo globale dell'individuo.

In questo scenario, la personalizzazione dell'apprendimento tramite l'intelligenza artificiale offre una promessa luminosa, ma solleva questioni fondamentali riguardanti l'importanza delle interazioni umane. La tecnologia, per quanto avanzata, non dovrebbe mai sostituire il valore insostituibile del dialogo, dell'empatia e della connessione interpersonale nell'educazione. È imperativo creare ambienti di apprendimento che utilizzino la tecnologia per costruire ponti, non barriere, promuovendo un senso di comunità e appartenenza.

L'adozione di strumenti digitali presenta, inoltre, l'opportunità di sviluppare una cittadinanza digitale responsabile tra gli studenti, educandoli a un uso critico e consapevole della tecnologia. Questo compito richiede che voi, come educatori, siate dotati delle conoscenze e delle competenze necessarie per navigare il panorama digitale, promuovendo il rispetto di sé e degli altri online.

L'esplorazione dell'intersezione tra educazione, tecnologia e neuroscienze apre la porta a una visione educativa che abbraccia pienamente la complessità dell'essere umano. Siete chiamati a rinnovare il vostro impegno verso un insegnamento che valorizzi l'individuo in tutte le sue dimensioni, preparando gli studenti non solo ad affrontare il futuro con competenza ma anche a plasmarlo con integrità e umanità.

Attraverso un impegno costante nella vostra formazione e nel dialogo con la comunità educativa, avete il potere di trasformare l'aula in un laboratorio vivente dove la tecnologia amplifica le potenzialità di ogni studente, rispettando e promuovendo la loro integrità emotiva e cognitiva. Questo è il terreno fertile su cui può crescere una nuova generazione di cittadini: individui capaci di pensare criticamente, di agire con empatia e di vivere consapevolmente nell'era digitale.

L'integrazione della tecnologia nell'educazione rappresenta un'opportunità straordinaria per arricchire il processo di apprendimento. Tuttavia, porta con sé la responsabilità di assicurare che tale integrazione avvenga in modo olistico e consapevole, valorizzando ogni aspetto dell'essere umano. Insieme, possiamo accettare la sfida di preparare gli studenti a diventare non solo competenti professionisti del futuro ma anche individui emotivamente resilienti e consapevoli cittadini del mondo digitale.

Fondamenti di sicurezza digitale

Privacy e sicurezza online

Internet è una risorsa preziosissima che ha letteralmente stravolto lo stile di vita di miliardi di persone. Come tutte le tecnologie, inizialmente è stata accolta con scetticismo. Lo stesso Bill Gates nel 1993, quando ancora guidava Microsoft, disse: «*The Internet? We are not interested in it*» (Internet? Non siamo interessati). Eppure, pochi anni dopo la rivoluzione della rete si è palesata con tutta la sua forza.

Oggi Internet connette miliardi di persone in tutto il mondo ed è fondamentale per quasi tutte le attività quotidiane. Ha dato vita a nuovi lavori e nuove professioni, dato voce a dissidenti e oppressi che vivendo sotto regimi non democratici non hanno altro modo per diffondere le loro idee, garantito libero accesso all'informazione a chiunque, indipendentemente da classe sociale e livello culturale. Dipendiamo dalla rete per ogni cosa: per i pagamenti con l'home banking, per la spesa online e per lavorare, per non dire di serie TV in streaming, videogiochi online e altri svaghi. Non avere accesso a Internet, o avere un accesso lento e limitato, è un problema serio. Lo abbiamo potuto vedere durante la pandemia, quando improvvisamente il lavoro ma anche le lezioni per gli studenti si svolgevano da remoto. Chi non aveva gli strumenti adeguati, a partire da una connessione a banda larga, era praticamente tagliato fuori dalla realtà.

Internet, insomma, è a tutti gli effetti una realtà parallela a quella reale e, inevitabilmente, non è esente da rischi. Non è la tecnologia in sé il problema, ovviamente, ma l'uso che ne viene fatto. Ci sono persone che sfruttano questo strumento per diffondere virus e altre minacce informatiche, altri che ne approfittano per mettere in piedi truffe più o meno sofisticate, e la cronaca ci mostra come non mancano persone che lo sfruttano per cercare di entrare in contatto con giovani ragazzi e ragazze, spesso usando profili falsi e spacciandosi per loro coetanei.

Il pericolo è maggiore soprattutto per i nativi digitali, che praticamente sono cresciuti con uno smartphone in mano, e non hanno ancora maturato le conoscenze necessarie per non cadere nelle trappole dei malintenzionati e per usare in maniera consapevole uno strumento potentissimo, ma per molti versi può essere anche rischioso.

In questo capitolo, farò il punto della situazione sui pericoli della rete e come evitarli, con una particolare attenzione al tema della privacy, spiegandoti come puoi evitare di perdere il controllo dei tuoi dati e delle tue informazioni personali.

Le basi: password e autenticazione a due fattori

Scegliere una password sicura è il primo passo da compiere. Anzi, non una password, ma le password, perché sono la porta di accesso ai vari servizi che si utilizzano. Dalla posta ai profili sui social network, passando per il conto bancario online. Sicuramente lo avrai già sentito dire migliaia di volte, ma meglio ribadire ulteriormente questo concetto fondamentale: devi usare sempre password differenti su ogni servizio. E per differenti intendo completamente differenti. Non usare la stessa parola chiave aggiungendo un carattere o un numero alla fine: non è un approccio intelligente. Usa proprio una parola completamente differente e che risponda a precisi canoni. Quali? Per anni molti esperti insistevano sul generare password di almeno 8 caratteri, contenenti sia numeri sia caratteri speciali (@, #, ? e via dicendo) oltre a una combinazione di maiuscole e minuscole. E di cambiarla spesso.

Questi suggerimenti, però, sono molto datati e anche poco efficaci, nonostante siano spesso ancora in vigore in molti ambiti. Perché inefficaci? Perché, se si spingono le persone a cambiare con frequenza le password, queste tenderanno a scegliere parole chiave poco sicure, facilmente memorizzabili e altrettanto facilmente individuabili da un malintenzionato. Come consigliano la maggior parte degli esperti di sicurezza informatica oggi, abbiamo due soluzioni. Una è appoggiarsi a un password manager (anche il browser Chrome ne include uno, ma non mancano molti servizi gratuiti, come LastPass o 1Password) in grado di generare password casuali e sicure (e di richiamarle quando serve). Una soluzione semplice e piuttosto efficace che però ha un problema: se per qualche motivo dovessero violare i server di chi gestisce questi servizi, tutte le nostre password sarebbero a rischio. L'alternativa è utilizzare intere frasi, per esempio l'incipit di un libro: al contrario di parole da 8 caratteri, queste sono infinitamente più complicate da individuare.

In ogni caso, affidarsi alla sola password non è un approccio consigliato. Oggi praticamente tutti i servizi permettono di attivare l'autenticazione a due fattori (2FA), cosa che ti consiglio di fare immediatamente. In pratica, ogni volta che vorrai accedere a un sito da un nuovo dispositivo, ti verrà chiesto, oltre alle credenziali, di inserire un codice OTP, un po' come quando accedi all'account bancario. Questi codici possono essere inviati via SMS (sconsigliato, in quanto ci sono tecniche come la SIM Swap per intercettarli) oppure generati tramite un'app sul telefono, come Google Authenticator o Microsoft Authenticator. Così facendo, se anche qualcuno dovesse scoprire la tua password, non avrebbe comunque modo di accedere ai servizi.

Anche con la 2FA attivata, però, è consigliabile fare molta attenzione. I malintenzionati, infatti, trovano sempre il modo di aggirare anche questi sistemi. Due gli approcci principali: il già citato SIM Swap e martellare le vittime di notifiche. Un attacco di tipo SIM Swap consiste nel trasferire il numero di telefono di una vittima su una nuova scheda SIM, che viene poi usata per ricevere i codici OTP o le chiamate di verifica necessari per accedere ai servizi online. Il malintenzionato, in questo modo, può eludere la sicurezza fornita dall'autenticazione a due fattori e prendere il controllo degli account della vittima. Per eseguire un SIM Swap, il malintenzionato deve riuscire a convincere l'operatore telefonico della vittima a effettuare il cambio di scheda, sfruttando tecniche di ingegneria sociale o corrompendo un dipendente. In alcuni casi, il malintenzionato può anche ottenere una scheda SIM clonata, che replica il numero di telefono della vittima, se ha accesso fisico alla SIM originale o ai dati associati.

Un altro metodo utilizzato per superare l'autenticazione a due fattori è quello di bombardare le vittime di notifiche. In pratica, i malintenzionati cercando di accedere all'account dei loro bersagli mandano un'enorme quantità di richieste di cambio password. Parliamo di centinaia e centinaia di notifiche in tempi brevissimi, con l'obiettivo di stancare la vittima che magari prima o poi, anche solo per errore, cliccherà per errore su una di queste dando l'OK e aprendo le porte al malintenzionato.

Phishing e social engineering

Una delle tecniche più usate dai cybercriminali per rubare le tue informazioni è chiamata phishing e consiste nell'invio di email o messaggi ingannevoli che cercano di convincerti a cliccare su un link, a scaricare un allegato o a fornire i tuoi dati personali. Il phishing sfrutta la tua fiducia verso mittenti apparentemente legittimi, come banche, istituzioni, aziende o amici, ma in realtà nasconde trappole pericolose.

Per esempio, potresti ricevere un'email che ti avvisa che il tuo account di un servizio online è stato bloccato o violato e che devi confermare i tuoi dati o cambiare la password. Se clicchi sul link nella email, verrai reindirizzato a una pagina web fasulla che assomiglia a quella del servizio originale, ma che in realtà serve a catturare le tue credenziali, che verranno poi usate dai malintenzionati per accedere ai tuoi dati o ai tuoi soldi.

Un altro esempio è quello di un messaggio che ti promette un premio, una vincita, un'offerta imperdibile o una donazione e che ti chiede di fornire i tuoi dati personali, bancari o fiscali per poterlo ricevere. Anche in questo caso, si tratta di una truffa che mira a rubarti le tue informazioni o a farti pagare una somma di denaro per ricevere qualcosa che non esiste.

Il phishing fa parte di una categoria più ampia di attacchi chiamata social engineering, che significa ingegneria sociale. Si tratta di manipolare le persone per indurle a compiere azioni che possano compromettere la loro sicurezza informatica. I cybercriminali usano la psicologia, l'emozione, la curiosità, la paura, la fiducia o la simpatia per spingerti a fare cose che normalmente non faresti, come cliccare su un link sospetto, aprire un allegato infetto, installare un malware o rivelare i tuoi dati.

Come puoi proteggerti dal phishing e dal social engineering? La prima cosa da fare è diffidare sempre delle richieste di dati personali, bancari o fiscali via email o messaggio. Le istituzioni e le aziende serie non li chiedono mai in questo modo. Se hai dubbi, meglio contattare direttamente il servizio interessato tramite i canali ufficiali. Inoltre, devi controllare sempre l'indirizzo del mittente e il link prima di cliccarci sopra. Spesso i domini hanno dei caratteri o delle lettere diverse da quelli originali: per esempio, g00gle.com invece di google.com. Se il link ti sembra strano, meglio non cliccarci. Un altro accorgimento è quello di non aprire gli allegati se non sei sicuro della fonte. Anche se il mittente ti sembra noto, potrebbe essere stato clonato o compromesso. Gli allegati possono contenere virus o malware che infettano il tuo dispositivo e mettono a rischio i tuoi dati. Inoltre, non devi fidarti delle offerte troppo allettanti o delle minacce troppo gravi. I cybercriminali usano queste tecniche per creare un senso di urgenza o di opportunità che ti spinge ad agire senza pensare. Meglio verificare sempre la veridicità delle informazioni prima di fornire i tuoi dati o pagare qualcosa. Infine, devi usare un antivirus e tenere aggiornato il tuo sistema operativo e le tue applicazioni. Questo ti aiuta a prevenire e a rilevare eventuali tentativi di intrusione o di infettare il tuo dispositivo.

Il tema della privacy

Oggi viviamo perennemente connessi, fatto che da un lato garantisce un'enorme comodità e flessibilità, dall'altro espone a un costante bombardamento di pubblicità mirata e rende il concetto di privacy sempre più labile. Pensaci un attimo: quando accedi a un social network, pubblici i post delle tue vacanze, delle tue cene, dei tuoi incontri con gli amici, acquisti un oggetto, stai fornendo una quantità enorme di informazioni ai colossi della rete come Google, Facebook, Amazon e compagnia bella. Informazioni che possono sembrare innocue, ma consentono a questi colossi di sapere praticamente tutto di te, posizione geografica inclusa. Di per sé non è un male: invece di ricevere pubblicità a caso, queste informazioni incrociate consentono alle big tech di inviati inserzioni mirate sulla base dei tuoi gusti, di dove ti trovi, di quello che stai facendo. Questi dati sono a tutti gli effetti il prezzo da pagare per poter usufruire gratuitamente di svariati servizi, dai quotidiani online agli stream di YouTube, dai social network ai videogiochi gratuiti.

Di per sé non c'è niente di male in questo, ma ci sono alcuni aspetti di cui tenere conto. Il primo è quello dell'età: i bambini idealmente non dovrebbero essere bombardati di pubblicità. Soprattutto, di pubblicità mirate. Sono più sensibili e ancora non hanno sviluppato quelle conoscenze che li aiuterebbero a mettere in auto dei meccanismi di auto-difesa contro il martellamento pubblicitario.

Il tracciamento pubblicitario, però, può essere fastidioso anche per adulti consapevoli, anche perché per quanto possa sembrare assurdo, può venire utilizzato in maniera molto invasiva, con conseguenze importanti sotto il profilo della privacy. Non è un caso che l'UE, molto attenta sotto questo profilo, abbia imposto nuove regole per i colossi della tecnologia che operano sul web. Regole che impediscono sia di spostare le informazioni relative alla profilazione pubblicitaria oltreoceano e di acquisire informazioni sensibili, come l'indirizzo IP.

Considera che nel momento in cui leggerai questo libro Google avrà già disabilitato da Chrome l'uso dei cookie di terze parti. Senza addentrarmi in tecnicismi che sarebbero inutili ai nostri fini, ti basti sapere che eliminandoli gli inserzionisti online non avranno più modo di tracciare le attività degli utenti fra vari siti che visitano o le app che utilizzano. In pratica questo significa che non potrà più accadere quello che avviene oggi: cerchi informazioni su una lavatrice (o un monopattino, un telefono, un vestito...) e per settimane vieni bombardato di pubblicità relative ai prodotti che hai ricercato. Un duro colpo per gli inserzionisti, che dovranno inventare nuove strategie per rivolgersi ai clienti o potenziali tali, ma un importante passo avanti sotto il profilo della privacy.

Non è solo una foto!

Sempre sul tema della privacy, le pubblicità invasive non sono l'unico problema. I social network rappresentano un rischio ben superiore, proprio per la quantità enorme di dati con cui li alimentano le persone. Che, al contrario della pubblicità, lo fanno consapevolmente, mettendo spesso la loro vita privata in mostra sulle vetrine dei vari Instagram, TikTok, X, Facebook e YouTube. Spesso sui social la visibilità viene ricercata spasmodicamente dalle persone, che tendono a imitare gli influencer. Niente di male in questo, naturalmente, ma bisogna essere molto attenti. Soprattutto se si è molto giovani. Perché la rete, va sottolineato, non dimentica. E un'uscita imbarazzante sui social network può rivelarsi un pericoloso boomerang. Un'opinione forte, magari anche un po' stupida, rimarrà sempre online, anche dopo lustri. E quando si va a cercare lavoro, è estremamente probabile che i recruiter come prima cosa vadano a sfogliare i profili social dei candidati. Una foto imbarazzante, così come una battuta mal riuscita, potrebbero creare problemi anche a distanza di molti anni. Anche battute che oggi sarebbero totalmente accettabili, in futuro potrebbero non esserlo più, e anche per questo motivo io consiglio estrema cautela nell'utilizzo dei social network, indipendentemente dall'età. Viviamo in un periodo dove il Columbus Day, un tempo sentitissima festa negli USA, oggi è non solo ignorata, ma pesantemente criticata da molti. Tanto che si è arrivato a vedere persone che buttano giù le statue di Cristoforo Colombo, considerato alla stregua di un pericoloso dittatore. Che piaccia o no, la sensibilità è cambiata di molto, e continua a farlo, e quello che sino a non troppi anni fa era considerato normale può diventare antisociale. Non ci credi? Prova a cercarti i commenti della Gen Z a una serie TV come *Friends*: quello che negli anni Novanta faceva ridere intere generazioni, oggi scandalizza tanti.

Come difendersi?

Se alle pubblicità invasive ci stanno pensando le nuove norme europee, per quanto riguarda i social l'unico modo è imparare a usarli correttamente. E per farlo, bisogna prima conoscerne le dinamiche, così come le funzionalità, e anche le regole. Per esempio, teoricamente solo chi ha più di 13 anni potrebbe aprire un profilo, anche se sappiamo bene che non sempre è così. Comprensibilmente, anche i più giovani vorrebbero aprire i loro profili sui social network, così da rimanere in contatto con i loro amici e non venire tagliati fuori dalla «normalità».

Come farlo in sicurezza? Il primo consiglio che

posso dare a tutti, indipendentemente dalla propria età, è di non avere profili aperti, cioè quelli in cui i contenuti sono accessibili e visibili a tutti. Meglio prediligere profili privati, accessibili solo alle persone a cui si dà l'autorizzazione. Amici, parenti, conoscenti. Così facendo, si eviterà di dare in pasto le proprie informazioni personali, immagini comprese, a chiunque. Del resto, che senso ha avere un profilo completamente aperto, a meno di fare gli influencer?

Limitando il profilo ai soli contatti autorizzati, si eviterà che eventuali gaffe o commenti mal riusciti possano rimbalzare di profilo in profilo e divenire virali. Una semplice figuraccia, insomma, non rimarrà scritta a vita come se fosse la fedina penale, e anche i potenziali datori di lavoro non avranno modo di accedere a queste informazioni, a meno di entrare a loro volta nella propria cerchia di conoscenze. Non solo: si eviterà anche di dare a chiunque informazioni personali che potrebbero essere usati per scopi ben poco nobili, come furti di identità. Può sembrare strano, ma bastano poche informazioni di un profilo aperto per creare dal nulla una falsa identità e usarla per imbastire delle truffe.

Per questo motivo è sempre meglio evitare di inserire troppi dettagli sui propri profili, omettendo quindi età, indirizzo e qualsiasi informazione privata. Anche quando si postano foto, anche le più innocenti, è sempre meglio prendere degli accorgimenti per eliminare i metadati, come le coordinate GPS dello scatto, il giorno, l'ora e via dicendo. Alcuni social network, come Facebook, cancellano in automatico queste informazioni prima di pubblicare le immagini, ma non tutti. Ci sono programmi gratuiti che fortunatamente lo fanno al posto nostro. Basta una ricerca con le chiavi «exif remover» o «exif eraser». Un consiglio: evita quelli online e prediligi i software da scaricare. Del resto, sarebbe un controsenso caricare dati privati su un servizio online per farli rimuovere, non credi? Non dico che siano delle truffe, naturalmente, però per un malintenzionato sarebbe molto facile creare un simile servizio solo per trafugare con facilità metadati.

Attenzione alle app e alle licenze di utilizzo

Anche le app possono rappresentare dei potenziali pericoli, nonostante chi gestisce gli store online investa ingenti risorse per bloccare prima della pubblicazione applicazioni che non garantiscono standard minimi di sicurezza. Sia chiaro: la stragrande maggioranza delle applicazioni presenti sugli store sono più che sicure, ma non mancano casi in cui qualche malintenzionato è riuscito in qualche maniera a superare i severi controlli e inserire spyware o altri malware al loro interno. Per questo motivo, sconsiglio fortemente di installare app con la pratica del sideloading, cioè caricando (nel caso di Android) degli APK invece che passando dallo store. Certo, la tentazione è forte, considerato che sono disponibili molti store «alternativi» che permettono di scaricare gratuitamente giochi e applicazioni a pagamento, ma il rischio vale la candela?

Tornando alle app presenti sugli store, anche qui è sempre meglio fare molta attenzione alle autorizzazioni richieste: una semplice app per la torcia chiede di avere accesso alla rubrica o alla posizione geografica? Meglio negare questi permessi, che di sicuro non servono al corretto funzionamento di quello specifico software. Questo vale non solo per la prima installazione di ogni applicazione, ma anche per ogni aggiornamento che richieda di confermare o aggiungere autorizzazioni.

Lo stesso vale anche per le licenze dei software che utilizziamo su smarpthone, tablet, computer. Mi rendo conto che leggere EULA di centinaia di pagine, scritti in burocratese e illeggibili, non è banale, ma il minimo sindacale è leggere le FAQ dei vari servizi (di solito si trovano sul sito) per capire come vengono utilizzate e salvate le informazioni che acquisiscono. Un tema che sta avendo una rilevanza sempre maggiore con l'enorme boom dell'intelligenza artificiale. Molto banalmente, molte IA sono state addestrate facendo scraping dei contenuti online, cioè andando a prendere tutto quello che era pubblico. Inclusi messaggi e immagini postati pubblicamente sui social. Che è un altro ottimo motivo per rendere privati i propri profili: siamo sicuri di voler offrire gratuitamente i nostri dati per l'addestramento delle intelligenze artificiali, non sapendo esattamente come vengono utilizzati e rischiando di perderne il controllo? Un tema caldo non solo per chi vive di diritto d'autore (scrittori, giornalisti, illustratori, fumettisti, fotografi), che rischia di subire anche un danno economico dalla concorrenza delle IA, ma anche per le persone comuni. Come reagiresti se venisse usata per una reclame una persona molto simile a te, ma generata con l'IA? Personalmente, non me sarei lusingato. Anzi... mi darebbe parecchio fastidio.

Esercizi per i ragazzi

Ecco alcuni esempi di esercitazioni che potresti fare ai ragazzi sul tema della privacy e della sicurezza in rete:

- Chiedi loro di controllare le impostazioni di privacy dei loro profili sui social network e di verificare quali informazioni sono visibili al pubblico, ai loro amici o a nessuno. Fai notare loro come cambiare queste impostazioni e perché è importante farlo;
- Proponi loro di fare una ricerca su Google con il loro nome e cognome e di vedere quali risultati appaiono. Fai notare loro come alcune informazioni personali possono essere reperite facilmente da chiunque. Chiedi loro di riflettere su cosa vorrebbero cancellare o nascondere e come fare per proteggere la loro reputazione online;
- Simula un attacco di phishing e invia loro una falsa email che sembri provenire da un servizio affidabile, ma che chieda di cliccare su un link sospetto o di inserire le proprie credenziali di accesso. Spiega loro come riconoscere le trappole degli hacker e come evitare di cadere vittime di frodi o furti di identità;
- Organizza un gioco a squadre in cui i partecipanti devono inventare delle password sicure e poi cercare di indovinare quelle degli avversari. Spiega loro le regole per creare delle password forti e come usarle in modo sicuro. Fai notare loro l'importanza di non usare la stessa password per diversi servizi e di non condividerla con nessuno;
- Mostra loro alcuni esempi di intelligenze artificiali che generano testi, immagini o audio basando-

si sui dati reperiti online. Fai notare loro come queste tecnologie possano essere usate per scopi positivi o negativi, a seconda delle intenzioni di chi le usa. Chiedi loro di riflettere sulle implicazioni etiche, legali e sociali dell'uso delle IA e sul ruolo che hanno i dati personali nella loro creazione e funzionamento.

SICUREZZA DIGITALE: IL CAMMINO EDUCATIVO VERSO UNA CITTADINANZA CONSAPEVOLE

In questo capitolo, abbiamo esplorato il vasto e complesso territorio della sicurezza digitale, una tematica che, come abbiamo visto, tocca profondamente le vite dei nostri studenti. Nell'era digitale, la connessione globale e l'accesso immediato alle informazioni rappresentano sia una straordinaria opportunità di apprendimento che una fonte di rischi potenziali. È emerso chiaramente che insegnanti e docenti giocano un ruolo cruciale nel guidare i giovani attraverso questo paesaggio inesplorato, equipaggiandoli con le competenze necessarie per navigare con sicurezza e consapevolezza.

Il viaggio attraverso la sicurezza digitale inizia con la comprensione che la nostra responsabilità educativa si estende ben oltre l'insegnamento di nozioni tradizionali. Ciò significa abbracciare la sfida di integrare nella nostra pratica didattica principi di sicurezza online, etica digitale e cittadinanza digitale. In qualità di educatori, dobbiamo essere proattivi nel discutere temi come la privacy online, l'importanza di password sicure e l'autenticazione a due fattori, illustrando come queste pratiche si inseriscono nel più ampio contesto della vita digitale dei nostri studenti.

Tuttavia, la nostra missione va oltre la mera trasmissione di conoscenze. È fondamentale sviluppare un dialogo aperto con gli studenti sulle reali implicazioni delle loro azioni digitali. Attraverso discussioni guidate, possiamo aiutarli a riflettere sulla loro impronta digitale, sul significato del consenso nell'era digitale e sull'importanza di mantenere un equilibrio sano tra vita online e offline. Questi dialoghi contribuiscono a formare individui che non solo comprendono come proteggersi dai rischi online, ma che sono anche consapevoli dell'impatto delle loro azioni nel mondo digitale.

Incoraggiare gli studenti a diventare cittadini digitali responsabili significa anche mostrare loro come la tecnologia può essere utilizzata per promuovere il bene. Dobbiamo presentare esempi di come Internet e i social media possano essere strumenti potenti per il cambiamento sociale, la solidarietà e l'innovazione. Questo approccio bilanciato aiuta a prevenire una visione della tecnologia meramente come fonte di pericolo, sottolineando invece il suo potenziale come forza positiva nella società.

La collaborazione con le famiglie è altrettanto cruciale. In qualità di educatori, dobbiamo impegnarci a costruire ponti con i genitori, fornendo loro le risorse e il supporto necessari per navigare le sfide della genitorialità digitale. Workshop, newsletter e incontri individuali possono essere strumenti efficaci per condividere strategie su come mantenere sicuri i giovani online, promuovendo un approccio comunitario alla sicurezza digitale.

Questo capitolo ci ha offerto una panoramica esaustiva dei rischi e delle opportunità che il mondo digitale presenta. Ora, è nostro dovere come educatori trasformare queste conoscenze in azione, guidando i nostri studenti verso un futuro in cui possano esprimere al meglio il loro ho potenziale digitale in modo sicuro, etico e responsabile. La sicurezza digitale, così come l'educazione digitale, non è un obiettivo da raggiungere, ma un percorso da percorrere insieme, ricco di apprendimenti continui, sfide e opportunità. È un viaggio che intraprendiamo non solo come docenti, ma come membri attivi e responsabili della nostra società digitale globale.

Utilizzare gli smartphone in modo produttivo

Abbiamo visto come gli smartphone siano diventati una parte integrante della nostra vita e come, utilizzando approcci e strumenti adeguati, possano trasformarsi in potenti alleati nella didattica contemporanea. In questo capitolo vedremo, a grandi linee, alcune applicazioni in grado di sfruttare appieno le potenzialità dei dispositivi mobili. Alcuni più «tradizionali», altri espressione delle più innovative tecniche di machine learning e reti neurali.

Google Workspace for Education

Cominciamo con Google Workspace for Education, la piattaforma a pagamento di Google dedicata a fornire strumenti, risorse e formazione specificamente orientati al mondo dell'istruzione. Con uno spazio di archiviazione disponibile di 30 GB (espandibile fino a 5 TB), questa raccolta rappresenta un insieme fondamentale di applicazioni, tra cui Gmail, Documenti, Fogli, Presentazioni e altre. Grazie alle funzionalità specifiche, favorisce la collaborazione tra studenti e scuola, semplificando la condivisione di progetti, la gestione dei compiti e la comunicazione complessiva.

Assieme a Google Workspace troviamo Google Classroom, una vera e propria piattaforma a sé stante, specificamente studiata per il mondo della didattica e della scuola. Classroom permette agli insegnanti di organizzare materiali didattici, creare compiti e fornire riscontri mirati agli studenti di una specifica classe o gruppo di lavoro. Accessibile da browser o da app per dispositivi mobili, Google Workspace for Education consente di imparare sfruttando la sua ricca selezione di strumenti grazie al supporto gratuito e alla sua galleria, in costante crescita, di guide, risorse, corsi online e materiali didattici. L'elevato livello di personalizzazione offerto da Workspace consente di differenziare ciascun percorso di insegnamento, adattandolo alle esigenze individuali di studenti e insegnanti.

È utile segnalare che Google, inoltre, ha sviluppato il Chromebook, un computer portatile perfettamente integrabile con Google Workspace for Education; progettato per essere semplice, economico e resistente, è stato studiato proprio per resistere all'uso intensivo in ambito scolastico e per permettere agli studenti un immediato accesso alle risorse online.

Microsoft Teams per le scuole

Oltre a Google, anche Microsoft ha notato il crescente interesse per la scuola digitale negli ultimi anni. Per questo motivo, ha sviluppato Teams per le Scuole, la piattaforma dedicata all'apprendimento. Basata su Teams, lo strumento di collaborazione e comunicazione impiegato da aziende e organizzazioni, la versione per le scuole è progettata specificamente per la didattica. Le differenze principali tra le due versioni riguardano innanzitutto le funzionalità aggiuntive pensate appositamente per l'istruzione, come, per esempio, la creazione di classi virtuali, l'assegnazione di compiti e la valutazione dei progressi. Progettata per essere un ambiente sicuro per gli studenti, con funzionalità di supervisione e controllo dei contenuti, la piattaforma è disponibile gratuitamente per insegnanti e studenti, dalla scuola primaria all'università: tutto ciò che serve per accedere a Teams per le scuole è un indirizzo email scolastico valido. Una volta installato il programma, sarà possibile assegnare compiti e lavorare in tempo reale sui documenti, valutare i progressi e monitorare i risultati individuali e di gruppo. Per esempio, un insegnante di matematica potrebbe creare una classe virtuale dove gli studenti possono lavorare assieme sul medesimo problema. Le funzioni disponibili sono davvero molte e, giusto per accennare alle possibilità offerte, non possiamo non citare le videoconferenze e la traduzione di lezioni in altre lingue grazie ai sottotitoli in tempo reale (vedi immagine alla pagina accanto).

Zoom for Education

Anche la piattaforma Zoom ha sviluppato una versione specifica per adeguarsi alle nuove necessità dell'istruzione digitale. Dopo l'esplosione di notorietà avuta in seguito alla pandemia di Covid, l'azienda americana ha sviluppato Zoom for Education, una piattaforma unificata per connettere studenti, docenti, staff e alunni. Oltre alle note le videochiamate, Zoom offre una serie di strumenti dedicati alla scuola, come per esempio Zoom Webinars, la funzione dedicata a eventi online su larga scala, capace di gestire anche migliaia di partecipanti, quindi perfetta per open day, conferenze e seminari. Il punto forte di Zoom for Education consiste nell'essere un unico servizio tramite il quale poter connettere in maniera trasversale le varie realtà dell'ambiente scolastico, dalla primaria fino all'università. Le sue applicazioni riguardano innanzitutto il settore delle comunicazioni: chat per tutto il personale scolastico, telefonate interne, condivisione online di lavagne, lezioni e webinar. Attenta anche alle conoscenze necessarie per utilizzare la piattaforma, Zoom offre un'ampia sezione online con guide testuali e video, dedicata alla for-

mazione di tutti gli utilizzatori, dagli studenti fino ai sistemisti informatici. Oltre al pacchetto basic gratuito, Zoom offre diverse opzioni a pagamento, via via più complesse a seconda delle esigenze.

Google Arts & Culture

Google Arts & Culture è una piattaforma gratuita online, disponibile da browser e via app, nata da un'iniziativa di Google per rendere l'arte e la cultura accessibili a tutti. Attraverso un'ambiziosa collaborazione con oltre 2000 musei, gallerie, archivi, e siti di rilevanza storica in tutto il mondo, rappresenta un colossale punto di accesso digitale al patrimonio artistico-culturale globale.

Il modo migliore per capire la portata del progetto è quello di pensare a Google Arts & Culture come a uno sconfinato museo accessibile direttamente da computer o telefono. Al suo interno è possibile trovare praticamente tutto ciò che riguarda l'arte e la cultura mondiale: foto ad altissima risoluzione di quadri famosi, statue, opere architettoniche, musei, biblioteche e in linea di massima ogni tipologia di bene culturale proveniente da ogni parte del mondo. Ma non solo: Arts & Culture offre anche tutta una serie di giochi a sfondo culturale per divertirsi imparando la musica, la pittura, la scultura, la letteratura, il cinema e molte altre forme d'arte, accostate e intrecciate fra loro in maniera non convenzionale grazie alla tecnologia di cui si avvale l'applicativo.

Benché comodamente fruibile da computer, Google Art & Culture rivela tutte le sue potenzialità tramite la sua app, perché sfrutta appieno la potenzialità della realtà aumentata per mostrare opere d'arte: per farlo è sufficiente accendere la fotocamera del proprio dispositivo mobile e «trascinare» il quadro scelto per inserirlo in 3D nell'ambiente circostante e farlo apparire a grandezza naturale. In questo modo è possibile comprendere la reale dimensione delle opere pittoriche che appariranno esplorabili da ogni angolazione e da ogni distanza.

La tecnologia di imaging utilizzata permette una risoluzione senza precedenti: potendo ingrandire enormemente le immagini proposte, è possibile, per esempio, vedere la consistenza delle pennellate di Van Gogh, in una maniera impossibile da realizzare anche andando a vedere gli originali dei quadri esposti in mostre e musei. Questa possibilità di ingrandimento riguarda la stragrande maggioranza delle opere mostrate, dalle fotografie presenti negli archivi storici della rivista Life (con diversi milioni di foto), ai papiri dell'antico Egitto passando dai manufatti preistorici fino alle fotografie dello spazio effettuate dalla NASA.

Inoltre, sfruttando il formato reso familiare da Street View, l'utente può «camminare» attraverso le sale del British Museum a Londra, scoprire i segreti del Rijksmuseum di Amsterdam, o perdersi fra le meraviglie del Museo Nazionale d'Arte Moderna e Contemporanea di Seul. I curatori e gli storici dell'arte collaborano, infatti, nella creazione di esposizioni digitali mirate che si concentrano su temi, epoche, personaggi o tecniche artistiche, fornendo un percorso narrativo arricchito da immagini, video, e approfondimenti testuali.

Anche nei musei fisici l'app risulta utilissima, in quanto, puntando la fotocamera verso un'opera d'arte in un museo partner, è possibile ottenere immediatamente informazioni aggiuntive, dettagli d'autore, e contenuti correlati.

È evidente come le potenzialità di questa app all'interno della didattica scolastica siano sconfinate. Google Arts & Culture è indubbiamente un'impareggiabile occasione per aprire finestre sul patrimonio globale, ispirando curiosità, alimentando lo studio, e fornendo strumenti per comprendere meglio il nostro passato, il nostro presente, e le diverse espressioni della creatività umana.

Minecraft Education Edition

Anche il settore dei videogiochi si è aperto al mondo dell'educazione: Minecraft Education Edition è la versione del celeberrimo gioco a pagamento, disponibile sia come applicazione desktop sia come app per dispositivi mobili, progettata appositamente per l'utilizzo in ambito educativo. L'ambiente di gioco offre infatti un contesto stimolante per l'apprendimento di materie STEM, perché gli studenti possono esplorare concetti di fisica, ingegneria, matematica e informatica: possono costruire (all'interno del gioco) circuiti elettrici, progettare sistemi di irrigazione o programmare robot. Minecraft Education permette agli studenti di dare libero sfogo alla propria immaginazione: che si tratti di ricostruire monumenti storici o di sviluppare città futuristiche, il processo di costruzione incoraggia la risoluzione creativa dei problemi e il pensiero critico.

Con Minecraft Education, per esempio, la storia può diventare un'esperienza immersiva, grazie alla ricostruzione di eventi passati ed epoche lontane; allo stesso modo la geografia può diventare un'avventura che consente di creare mappe interattive per conoscere le caratteristiche delle zone più remote del nostro pianeta. E così via per la chimica, la matematica, l'arte e la letteratura.

Il videogioco stimola la collaborazione tra studenti perché possono lavorare insieme su progetti comuni e risolvere problemi, promuovendo di conseguenza la socializzazione e il lavoro di gruppo.

Gli insegnanti, inoltre, possono adattare le sessioni di gioco in base alle proprie lezioni e creare percorsi di apprendimento coerenti con il curricolo scolastico. L'aspetto ludico di Minecraft rende lo studio un'esperienza piacevole e motivante per gli studenti, proprio come suggeriscono le teorie sulla Gamification e sulla teoria dei giochi.

Infine, grazie alla sua diffusione globale, Minecraft Education vanta una community internazionale di educatori che condividono idee scambiandosi esperienze e risorse didattiche.

Per chi fosse nuovo del gioco, e a digiuno delle sue possibilità, il sito web di Minecraft Education offre una vasta gamma lezioni già pronte, sviluppate da esperti, adatte a diverse fasce d'età e diverse materie di studio.

ChatGPT e Copilot

Potremmo dedicare interi capitoli a parlare di chatbot conversazionali e di come possano essere impiegati in ambito scolastico. Per necessità di sintesi vedremo le principali applicazioni e caratteristiche dei due più noti chatbot basati su intelligenza artificiale, ovvero ChatGPT e Microsoft Copilot.

Entrambi sono due modelli di intelligenza artificiale che hanno acquisito grande popolarità per le loro capacità avanzate nel sostenere conversazioni naturali con gli utenti. Sebbene siano basati su tecnologie simili (in parte identiche), presentano alcune differenze significative in termini di funzionalità e applicazione.

ChatGPT, sviluppato da OpenAI, è stato addestrato su un'enorme quantità di esempi di linguaggio umano tratti da Internet, che l'hanno reso in grado di generare testi come saggi, email, lettere di presentazione, descrizioni di opere artistiche, poesie, calcoli matematici e via dicendo. È bene tenere presente, però che la versione gratuita, a differenza di quella a pagamento, non ha la capacità di eseguire ricerche su Internet e potrebbe non disporre di informazioni aggiornate. Entrambe le versioni sono accessibili tramite browser o tramite app direttamente da smartphone e dispositivi mobili.

Copilot, sviluppato da Microsoft, è un assistente digitale basato sull'intelligenza artificiale che mira a fornire aiuto agli utenti per molte attività differenti. Oltre a essere nativamente presente all'interno di Microsoft 365 e di Edge, è possibile accedervi gratuitamente sia tramite browser sia tramite app per smartphone e dispositivi mobili. Copilot, nella sua versione gratuita, a differenza di ChatGPT, può accedere a Internet ed è anche in grado anche di generare immagini tramite Microsoft Designer.

Ma come possiamo impiegare questi due chatbot in ambito didattico? Sicuramente il punto di partenza deve essere la consapevolezza che, al momento, entrambe le IA sono ancora in fase di sviluppo: è quindi sempre necessario verificare i risultati generati perché potrebbero essere affetti da «allucinazioni» e quindi riportare informazioni errato o totalmente inventate. Per esempio, ChatGPT a volte si dimostra un somaro nelle materie scientifiche:

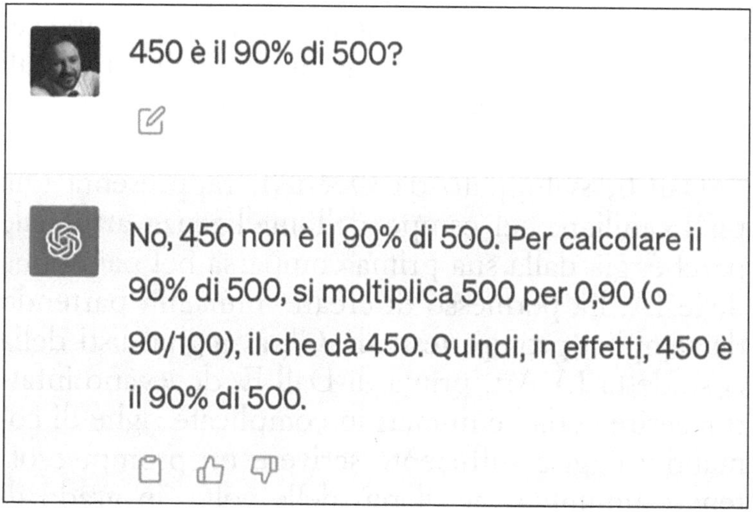

Fatte queste debite premesse, è possibile trarre grande vantaggio dal loro impiego nel percorso didattico, perché sono capaci di rispondere a domande aperte, tradurre lingue con accuratezza, svolgere operazioni di aritmetica, algebra, geometria, statistica e altro ancora: in sostanza per ogni materia di insegnamento, dalla chimica all'educazione fisica, ChatGPT e Copilot hanno sempre una risposta pronta e dettagliata, benché, magari, non sempre affidabile.

Dall-E e Microsoft Designer

Un altro capitolo a parte lo meriterebbero i modelli di IA generativa per la creazione di immagini, in quanto toccano argomenti tecnici, etici e legali che non è possibile, ma che vanno menzionati per avere un'idea più completa della rivoluzione che hanno creato nel mondo dell'arte visiva. Per quanto riguarda il loro impiego in ambito didattico, invece, è possibile circoscrivere l'argomento e indicare alcune caratteristiche, comuni a entrambi i modelli, sfruttabili efficacemente. Vediamo, quindi, di seguito, due modelli molto noti: Dall-E e Microsoft Designer.

Dall-E, sviluppato da OpenAI, rappresenta una pietra miliare nel campo dell'intelligenza artificiale perché, già dalla sua prima comparsa nel panorama delle IA, ha permesso di creare immagini partendo da semplici prompt testuali. Gli avanguardisti della cosiddetta IA Art, prima di Dall-E, dovevano infatti inserire codici e numeri in complicate righe di comando: oggi è sufficiente scrivere un prompt e ottenere un'immagine, il più delle volte, in grado di avvicinarsi quasi subito al risultato auspicato. Con Dall-E (la cui sigla deriva dalla crasi fra il nome del pittore Salvador Dalì e quello del film animato della Pixar, *Wall-E*) è sufficiente descrivere nel prompt con parole precise quello che si vuole ottenere e l'immagine apparirà dopo pochi secondi.

La funzionalità di generazione di immagini è utilizzabile direttamente dal browser; l'utilizzo di questa funzione richiede crediti, che al momento sono gratuiti. Tuttavia, in futuro sarà possibile ottenerli solo tramite acquisto oppure generando immagini direttamente all'interno di ChatGPT Plus (ovvero la versione a pagamento di Chat-GPT).

Microsoft Designer è una piattaforma di progettazione grafica che impiega l'intelligenza artificiale per creare con semplicità immagini personalizzate. Un grande pregio di Designer è la sua semplicità di utilizzo: l'interfaccia intuitiva e le funzionalità guidate lo rendono accessibile anche a utenti privi di esperienza, consentendo a chiunque di creare contenuti professionali con estrema semplicità.

Grazie all'integrazione di Dall-E 3 e GPT 3.5, Designer permette di ottenere progetti personalizzati con messaggi testuali inclusi, facilmente modificabili nella forma e nel contenuto (font, dimensioni, ecc.): è quindi possibile creare infografiche accattivanti per visualizzare dati scientifici, illustrare concetti complessi e comunicare in modo chiaro e coinvolgente.

Durante il suo utilizzo, inoltre, Designer propone suggerimenti e idee per aggiungere effetti di movimento come, per esempio, trasformare un post statico in un breve video con una varietà di effetti accattivanti. Il programma offre inoltre la possibilità di condividere progetti tramite la scansione di un codice QR per facilitare le operazioni di condivisione.

Al momento, è disponibile gratuitamente, ma in futuro alcune funzionalità potrebbero richiedere un abbonamento a Microsoft 365. Microsoft Designer è disponibile via web e tramite app per smartphone e dispositivi mobili.

In generale, possiamo dire che l'utilizzo di modelli di IA generativa, come Dall-E e Designer, stimola la capacità di scomposizione dei problemi nei suoi punti fondamentali necessari per creare contenuti visivi. Inoltre, la creazione di storyboard, fumetti e video animazioni sviluppa la capacità narrativa in modo creativo: organizzare sequenze visive e comunicare efficacemente attraverso l'immagine sono competenze essenziali nell'epoca contemporanea fatta di immagini onnipresenti.

Microsoft Forms

Integrato all'interno di Microsoft 365, Forms è un applicazione web gratuita che consente di creare questionari multimediali avanzati, capaci di andare ben oltre le domande a scelta multipla. È possibile infatti usare immagini, video e brani audio per integrarli al suo interno. Con Forms è facile raccogliere opinioni ed esperienze in vari ambiti: per esempio, con l'impiego di sondaggi anonimi o con questionari personalizzati, è possibile creare documenti che rivelino il reale livello di comprensione degli studenti, e individuare al contempo punti di forza e debolezze del metodo di insegnamento. Grazie all'analisi integrata di Forms, infatti, è possibile comprendere l'andamento della classe e individuare le aree dove apportare modifiche. Per esigenze più complesse, è possibile esportare i dati in Excel sfruttando tutta la potenza intrinseca nei fogli di calcolo.

Forms si integra perfettamente anche con Teams: questa sinergia può favorire la co-progettazione di test fra colleghi e consentire, per esempio, di standardizzare le valutazioni, condividere i migliori materiali multimediali trovati in rete e molto altro ancora. Microsoft Forms, inoltre, offre un ampio ventaglio di modelli e tutorial espressamente pensati per l'impiego scolastico.

Google Forms

Google Forms è un altro strumento gratuito cui è possibile accedere da browser e che consente di creare facilmente sondaggi e questionari. Con Forms si possono creare moduli online con la stessa facilità con cui si crea un documento di testo: è possibile, infatti, selezionare diversi tipi di domande, riordinarle tramite il trascinamento e personalizzare anche l'aspetto grafico per riflettere il branding della propria scuola o università. È infatti possibile personalizzare i colori, le immagini, i caratteri e lo sfondo per modificare l'aspetto del modulo. Una delle caratteristiche più interessanti di Forms è la sua integrazione con Google Sheets, l'applicativo online per i fogli di calcolo: questa compatibilità permette di esportare i dati direttamente dall'interfaccia di Forms per salvarli e analizzarli in tempo reale senza dover uscire dall'applicativo. È possibile, infatti, vedere i grafici con i dati delle risposte aggiornarsi in tempo reale man mano che i questionari vengono compilati.

Google Forms è anche un ottimo strumento per la condivisione grazie alla possibilità di aggiungere collaboratori, per costruire insieme le domande del questionario: il tutto in tempo reale.

Le possibili applicazioni in ambito scolastico sono davvero molte, sia per quanto riguarda le verifiche sia per la raccolta di informazioni riguardanti gli studenti e le loro eventuali esigenze speciali.

Google Earth

Accessibile da browser o via app per dispositivi mobili, Google Earth è un software che genera immagini virtuali della Terra grazie a fotografie aeree, dati topografici e immagini satellitari.

Il dettaglio di Earth è molto elevato: per le principali città del pianeta il programma è in grado di mostrare immagini con una risoluzione relativa di circa un metro quadrato, sufficiente per mostrare edifici, strade e macchine presenti al momento della cattura delle immagini.

Google Earth non consente solamente di visualizzare le informazioni già presenti, ma offre anche la possibilità al singolo utente di immetterne di aggiuntive per condividerle con gli altri utilizzatori del programma sparsi per il pianeta. Infine, Earth può essere utilizzato fornendogli coordinate geografiche, indirizzi o semplicemente navigando sul pianeta con il mouse.

Le possibilità di impiego di Earth sono davvero tante: poter «esplorare» il mondo non solo attraverso le pagine di un libro o le immagini di un video, ma immergendosi in un'esperienza interattiva personalizzabile è un valore aggiunto impiegabile trasversalmente da molte materie di insegnamento. Fra le innumerevoli funzionalità di Google Earth troviamo la possibilità di calcolare la distanza tra due punti o l'area di un terreno; ma non solo, è possibile anche trovare informazioni su clima, vegetazione, popolazione e altri dati utili per la ricerca e l'apprendimento geografico. Oltre a viaggiare virtualmente in qualsiasi luogo del pianeta, Google Earth offre una serie di funzionalità che lo rendono uno strumento didattico di inestimabile valore.

Con Google Earth Timelapse, studenti e insegnanti possono compiere un vero e proprio salto nel tempo, esplorando l'evoluzione di città, paesaggi e monumenti nel corso dei secoli. Con Google My Maps, si possono creare mappe interattive di qualsiasi luo-

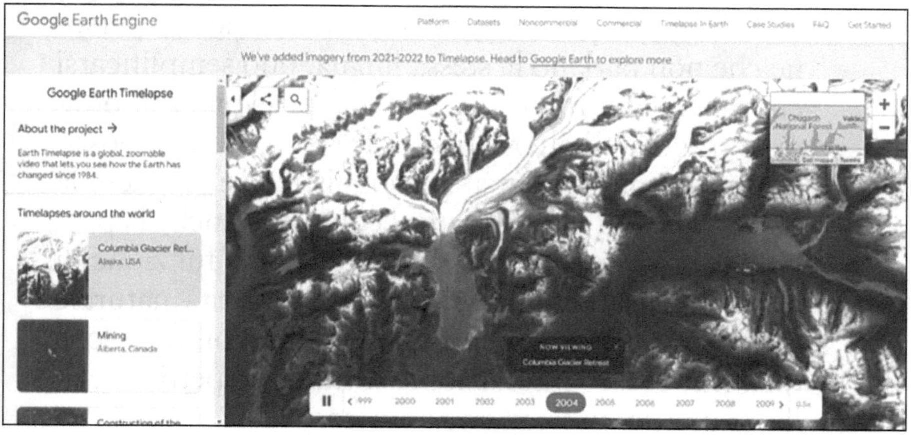

go: arricchendo queste mappe con foto, video, testi, audio e narrazioni, si possono realizzare vere e proprie storie multimediali. Le possibilità di Google Earth a scuola sono quasi infinite: stimolando la creatività, l'interdisciplinarità e l'utilizzo di tecnologie innovative, questo strumento può trasformare l'apprendimento in un'esperienza entusiasmante e ricca di spunti, aprendo le porte a un mondo di conoscenze e di scoperte.

Google Traduttore

Google Traduttore è un servizio di traduzione automatica gratuito che rappresento un enorme potenziale per la didattica. Le sue funzionalità avanzate e la sua facilità d'uso lo rendono uno strumento versatile e prezioso per superare le barriere linguistiche. Studenti e insegnanti possono tradurre testi di libri, articoli, siti web e altri materiali didattici in modo facile e veloce.

Ma non solo, durante scambi interculturali o viaggi di studio all'estero, con la traduzione di conversazioni in tempo reale, la comunicazione fra persone che non parlano la stessa lingua, può semplificarsi enormemente. Inoltre, grazie alla possibilità di ottenere traduzioni alternative di frasi o parole, è possibile analizzare le sfumature linguistiche e scegliere la traduzione più appropriata al contesto. Anche la pronuncia viene tenuta in gran conto: con la funzione di ascolto delle parole tradotte, sia a velocità naturale sia rallentata, gli studenti possono migliorare la loro dizione e la loro intonazione, entrambi aspetti cruciali per una comunicazione efficace.

L'app di Google Traduttore per smartphone offre un'ulteriore serie di funzionalità che la rendono particolarmente utile per la didattica: per esempio, tramite la fotocamera del telefono, è possibile ottenere il significato immediata di testi presenti su immagini di vario tipo. Queste sono solo alcune delle funzioni del traduttore di Google che, come appare evidente, risulta essere una sorta di efficacissimo «coltellino svizzero» per le lingue da tenere sempre a portata di smartphone.

DeepL

Un altro traduttore che vale la pena citare è DeepL, un servizio online che si distingue per la sua precisione e la sua capacità di catturare le sfumature linguistiche. L'applicativo si appoggia a una generazione completamente nuova di reti neurali in grado di cogliere le sfumature delle frasi e tradurle nella lingua di destinazione in modo accurato anche per quanto riguarda il significato di termini gergali professionali.

Una comoda caratteristica di DeepL è la possibilità di tradurre interi documenti in un solo clic, preservando la formattazione originale e adattando la traduzione al pubblico di destinazione con la possibilità di scegliere tra un tono formale e uno informale.

L'applicativo integra anche un comodo dizionario per ricercare il significato di parole specifiche utilizzate nelle traduzioni generate. La versione gratuita ha un limite di caratteri che può essere superato con l'abbonamento a pagamento per la versione di

DeepL Pro; entrambe le versioni sono utilizzabili tramite browser, app e infine tramite l'estensione installabile nei browser più comuni.

Mizou

Mizou offre un approccio unico per integrare l'intelligenza artificiale nei percorsi educativi. Accessibile tramite browser, Mizou è in grado di generare chatbot capaci di dialogare con gli studenti su temi specifici scelti dall'insegnante: dalla matematica alla storia, passando per tutte le altre materie di insegnamento, gli studenti potranno sia imparare sia testare le proprie conoscenze acquisite rispondendo direttamente alle domande formulate dal chatbot. Con questo applicativo, gli insegnanti avranno la possibilità di stabilire con esattezza l'argomento, le risposte e le domande di ogni esercizio.

Grazie alla sua interfaccia testuale, Mizou fornisce informazioni in temporale agli studenti, aiutan-

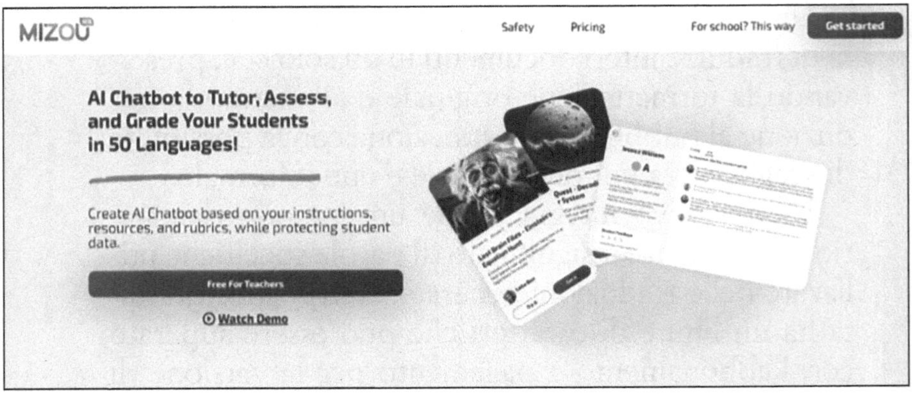

doli a ragionare e a comprendere la soluzione fornita dal programma.

Gli strumenti di analisi incorporati possono mostrare l'andamento e il livello complessivo di ogni classe, offrendo spunti utili alla pianificazione delle lezioni ed evidenziando le aree che necessitano di maggiore attenzione.

La natura versatile di Mizou lo rende adatto a un'ampia gamma di discipline: i chatbot possono simulare discussioni con personaggi storici, esplorare dibattiti filosofici complessi, approfondire gli argomenti scientifici e migliorare la sintassi e il lessico degli studenti.

Tuttavia, è fondamentale ricordare che gli strumenti di intelligenza artificiale non sono destinati a sostituire il ruolo di insegnanti qualificati: Mizou è realmente efficace da un punto di vista formativo solo se utilizzato sotto la visione del docente, perché il suo scopo è quello di dare agli insegnanti un valido supporto, e non un semplice sostituto.

Assemblr EDU

Assemblr EDU è una piattaforma che utilizza la realtà aumentata (AR) per creare immagini in tre dimensioni. Grazie alla sua tecnologia è possibile «posizionare» i modelli 3D nell'aula, facilitando la spiegazione e la comprensione di concetti complessi. Installando l'app per smartphone e dispositivi mobili, è possibile visualizzare sullo schermo, da ogni angolazione, i modelli tridimensionali situati virtualmente all'interno dell'ambiente ripreso con la fotocamera.

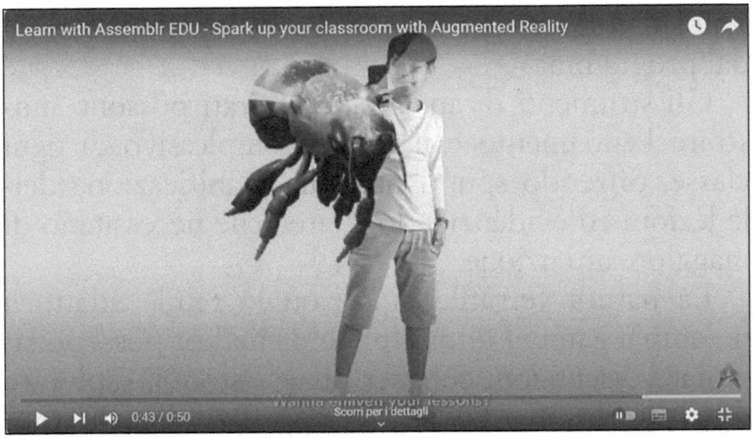

Con Assemblr EDU si può preparare il materiale didattico con semplicità grazie alle sue librerie 3D incorporate, capaci di ricreare modelli, diagrammi o simulazioni di ogni tipo. Le funzionalità di Assemblr EDU consentono di aggiungere note, video, immagini, testi 3D e altro ancora per aiutare gli studenti a comprendere i concetti più facilmente.

Per gli utenti più esperti, l'Editor Classico offre maggiore flessibilità per la progettazione di modelli 3D partendo da zero. La piattaforma, inoltre, permette tramite QR code la condivisione dei progetti per poterli utilizzare anche a distanza e consente, inoltre, di importare al suo interno qualsiasi contenuto 3D in formato FBX. Con la funzione di Classe Virtuale, infine si possono condividere le lezioni e i progetti in uno spazio virtuale creato apposta per ospitare idee e materiali didattici creati da docenti e studenti. Assemblr-EDU è disponibile sia in versione gratuita sia a pagamento.

Algor Education

Algor Education è un'applicazione tutta italiana che permette di creare mappe concettuali personalizzabili e facilmente condivisibili. La caratteristica più innovativa è la sua capacità di sviluppare mappe in modo automatico partendo da un testo o da un'immagine. Questa funzionalità può essere di grande aiuto per gli studenti che cercano di organizzare le informazioni in maniera grafica per capirle meglio e organizzarle in maniera facilmente comprensibile.

Per creare una mappa è sufficiente copiare e incollare il testo all'interno dell'applicazione: in questo modo l'intelligenza artificiale lo analizzerà e lo suddividerà nei suoi punti fondamentali, ognuno dei quali risulterà connesso agli altri secondo i collegamenti semantici presenti nello scritto originario. Una volta creata la mappa, sarà inoltre possibile personalizzarla liberamente modificando il testo, aggiungendo immagini, audio e video. Infine, una volta completata sarà possibile esportare la mappa nel formato preferito.

L'integrazione di Algor Education nel contesto didattico può portare numerosi benefici. Gli studenti possono utilizzare le mappe concettuali per organizzare le informazioni in un formato visivo, facilitandone la comprensione e la memorizzazione. Il piano gratuito di Algor Education permette di creare manualmente tre mappe concettuali e offre alcuni crediti per provare la funzione automatica disponibile con gli abbonamenti a pagamento.

Essendo sviluppato da un'azienda italiana, sul sito è presente una sezione apposita dedicata al PN-

RR e agli importanti investimenti sulla trasformazione digitale della scuola italiana. Gli istituti che acquistano le licenze Algor, infine, riceveranno gratuitamente tutti gli eventuali aggiornamenti futuri del software.

Queste sono solo alcune delle possibilità offerte dalle applicazioni online rivolte alla scuola e alla didattica: sicuramente non sono una panacea in grado di risolvere gli annosi problemi legati al sistema scolastico italiano, ma, integrandole con consapevolezza all'interno del percorso didattico, rappresentano un formidabile alleato nell'educazione degli studenti.

Gamma

Gamma permette agli insegnanti di creare presentazioni interattive e coinvolgenti senza doversi preoccupare della progettazione grafica o della formattazione. La piattaforma offre una vasta gamma di elementi multimediali come video, GIF, grafici e pagine web, che possono trasformare lezioni tradizionali in narrazioni colorate e interattive. I casi sono due: o si chiede alla piattaforma di generare le slide a partire da un titolo, sfruttando ChatGPT per i testi e la ricerca web o l'IA per le immagini oppure, opzione consigliata, si può caricare un testo in Word e chiedere di trasformarlo in una presentazione da scaricare, poi, in PDF o formato PowerPoint.

Tecnologia e didattica: trasformare lo smartphone in un compagno di viaggio educativo

Nel cuore di questo capitolo abbiamo esplorato il vasto panorama delle potenzialità offerte dalle tecnologie digitali all'interno del contesto educativo. Abbiamo scoperto come, da semplici dispositivi di comunicazione, questi strumenti possano evolversi in catalizzatori per un apprendimento più dinamico, interattivo e personalizzato. Gli insegnanti sono chiamati a navigare in questo mare di opportunità, armonizzando le potenzialità didattiche degli smartphone con il percorso di crescita personale e accademico di ogni studente.

È fondamentale, tuttavia, mantenere un atteggiamento critico verso l'adozione indiscriminata di queste tecnologie. Non ogni applicazione è adatta a ogni contesto didattico, e il rischio di una loro implementazione superficiale può portare a una riduzione piuttosto che a un arricchimento dell'esperienza educativa. La sfida per gli educatori moderni risiede nella capacità di selezionare, valutare e integrare le tecnologie digitali in maniera consapevole e mirata, affinché stimolino non solo l'intelletto ma anche le competenze sociali e emotive degli studenti.

Approcciare le app educative con un'ottica produttiva richiede una riflessione profonda sul valore aggiunto che questi possono portare all'apprendimento. Attraverso esempi come Google Workspace for Education, Microsoft Teams per le Scuole, Google Arts & Culture, e molti altri, abbiamo visto come sia possibile creare ambienti di apprendimento inclusivi e stimolanti, dove la collaborazione, la creatività e la personalizzazione dell'insegnamento diventano i pilastri portanti dell'educazione.

Nell'abbracciare queste tecnologie, dobbiamo però essere vigili custodi della dimensione umana dell'apprendimento. La tecnologia deve essere al servizio dell'educazione, e non viceversa. Il contatto umano, l'empatia, la comprensione e il sostegno reciproco restano componenti insostituibili del processo educativo, che nessuna app può pienamente replicare. In questo contesto, gli smartphone possono diventare strumenti potenti per aprire nuove porte alla conoscenza, ma è la mano dell'educatore a dover guidare gli studenti attraverso queste porte, accompagnandoli in un viaggio di scoperta, riflessione e crescita personale.

Infine, la produttività nell'uso dei dispositivi mobili in ambito educativo richiede una costante riflessione sul nostro ruolo come modelli per le giovani generazioni. Educare all'uso consapevole, critico e produttivo della tecnologia significa anche promuovere un'etica digitale basata sul rispetto di sé e degli altri, sulla protezione della privacy e sulla valorizzazione della verità e dell'accuratezza delle informazioni. In quest'era di connessioni globali, abbiamo il dovere di preparare i nostri studenti a diventare cittadini digitali responsabili, pronti ad affrontare le sfide del futuro con integrità, curiosità e coraggio.

Concludendo, il capitolo ci ha offerto l'opportunità di riflettere sulle molteplici dimensioni dell'uso produttivo dei dispositivi digitali nella didattica. Da questa riflessione emerge un invito a ogni educatore a intraprendere un percorso di scoperta continua, sperimentazione e dialogo con i propri studenti, al fine di trasformare anche ogni smartphone da potenziale distrazione a prezioso alleato nel viaggio dell'apprendimento.

L'intelligenza artificiale nella didattica

Cosa è l'intelligenza artificiale? La domanda può sembrare banale, ma rispondere non è così semplice. Anche perché non esiste un solo tipo di IA, ce ne sono svariati. Iniziamo col dire che l'IA non è nata con ChatGPT, ma è da diversi anni che è integrata in numerosi processi, in particolare nel mondo manifatturiero, dove viene utilizzata per tenere sotto controllo i macchinari, così da abilitare funzionalità come quelle di manutenzione predittiva. Che significa? Che queste intelligenze artificiali analizzano tramite algoritmi di machine learning i dati delle macchine (temperature, vibrazioni, giri del motore e via dicendo) e vanno alla ricerca di anomalie che possano indicare l'insorgere a breve di guasti. Così facendo, è possibile programmare in maniera più puntuale e precisa gli interventi di manutenzione, riducendo il rischio di fermi della produzione. Parliamo di una materia molto specifica e, comprensibilmente, poco appetibile al grande pubblico. Per questo motivo, l'IA è a lungo stata materia di cui si parlava praticamente solo con gli esperti del settore.

Con l'uscita di ChatGPT, però, è stato fatto un importante passo in avanti sul fronte dell'IA, a tutti gli effetti democratizzandola. Da strumento per soli professionisti, l'IA è diventata accessibile a tutti, anche gratuitamente. E non bisogna essere degli scienziati per utilizzarla. Il successo di ChatGPT, come noto, è stato enorme, e ha trainato lo sviluppo di altre soluzioni simili, tanto che nell'ambiente IT la rivoluzione di queste specifiche applicazioni di IA, definite di IA generativa, è considerata allo stesso livello di quella portata dallo sviluppo di Internet.

Ma cosa è l'IA generativa. Come funziona? Soprattutto, può essere un valido strumento della didattica?

IA generativa: di cosa stiamo parlando?

L'IA generativa è una tecnologia che permette di generare testi e immagini (e ultimamente anche video) a partire da semplici descrizioni testuali, definite prompt. Al contrario delle IA utilizzate in precedenza, l'utilizzo è banale: come chiedere una domanda a un amico. Senza doverla formattare in maniera particolare, o dover usare specifici comandi. Questa semplicità, unita alla qualità incredibilmente elevata delle risposte ottenute, è quello che ne ha permesso una diffusione rapidissima in tutte le fasce della popolazione. Tanto che, da un momento all'altro, più di una persona ha ridotto l'utilizzo dei motori di ricerca per passare a questi strumenti, che sono più immediati e permettono di risparmiare moltissimo tempo. Se prima per ottenere informazioni su un tema sul quale non si aveva alcuna competenza era necessario usare Google o altri motori per cercare informazioni generali, e successivamente «digerirle» per farle proprie, ora la risposta arriva immediatamente, in forma chiara, perché è l'IA che fa tutto il lavoro a monte, dando in pochi secondi la risposta al quesito posto. Per esempio, consigliamo vivamente di provare Perplexity, motore di ricerca di nuova generazione che, all'elenco delle fonti trovate, accompagna un testo generato da intelligenza artificiale. Tra l'altro, a differenza di Google, Perplexity può cercare solo tra paper accademici, grazie alla modalità Focus/Academic (vedi immagine sotto).

Considerare l'IA generativa come un motore di ricerca più efficiente e smart, però, sarebbe molto limitativo. Queste IA, infatti, sono in grado di generare testi di buona qualità in pochi secondi, che si tratti di email informali, documenti tecnici, anche temi scolastici. Ed è in grando di adattare il tono: possiamo chiederle (o chiedergli?) di scrivere in maniera formale, come se si trattasse di un documento della Pubblica Amministrazione, o di generare un testo nello

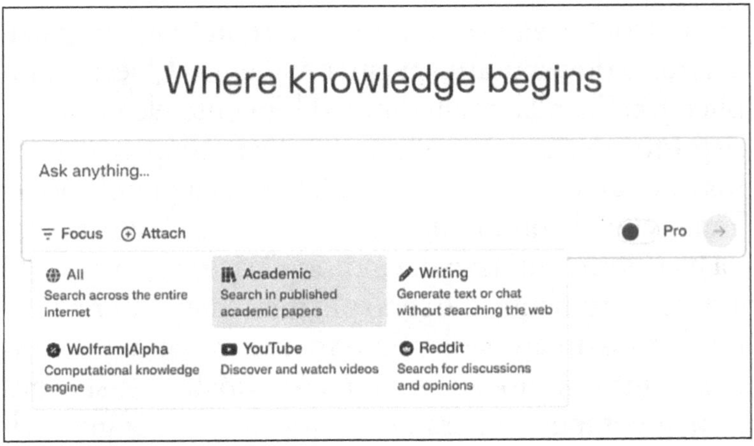

stile di un bambino di quinta elementare. Non solo: può guidare verso la soluzione di problemi complessi (es: «Mi si è rotto questo dispositivo: puoi darmi delle indicazioni su come smontarlo e ripararlo?»), scrivere codice nei più svariati linguaggi di programmazione, e generare immagini – anche fotorealistiche in pochi istanti (tipo: «Disegnami un unicorno blu che vola sulla slitta di babbo natale sullo sfondo della skyline di New York»).

Uno strumento potentissimo, insomma, ma come funziona? Le macchine sono davvero diventate intelligenti come gli umani?

IA generativa: una splendida illusione. Che però funziona benissimo

Spiegare come funziona un'IA è estremamente complesso, ma qui cercheremo di farlo nella maniera più comprensibile possibile. Iniziamo col dire che l'IA generativa si basa sul machine learning, ovvero l'apprendimento automatico, che è il processo con cui le macchine migliorano le loro prestazioni in base all'esperienza. Per abilitare l'IA è necessario fornire alle macchine dei dati, chiamati dataset, che rappresentano la fonte di conoscenza e le elaborano tramite il machine learning. Nel caso dell'IA generativa, la conoscenza è composta da una quantità sterminata di informazioni, come libri, contenuti sui social, articoli di giornale, documentazione tecnica, manualistica e via dicendo. Una tipologia particolare di algoritmi di machine learning usati dall'IA generativa sono i LLM, i Large Language Models, ovvero dei grandi modelli del linguaggio. Si tratta di sistemi che imparano a rappresentare e a generare il linguaggio naturale a partire da enormi quantità di testi, presi da fonti diverse come libri, articoli, social media, ecc. I LLM sono composti da milioni o miliardi di parametri, che sono delle variabili che determinano il funzionamento del modello e che vengono aggiustati durante il processo di apprendimento.

Il processo di apprendimento dei LLM si divide in due fasi: il pre-training e il fine-tuning. Il pre-training consiste nel far leggere al modello una grande quantità di testi, senza nessun obiettivo specifico, al solo scopo di fargli acquisire una conoscenza generale del linguaggio e dei suoi meccanismi. Durante il pre-training, il modello impara a predire le parole mancanti in una frase, o a stabilire se due frasi sono collegate logicamente o no. In questo modo, il modello affina i suoi parametri e crea delle rappresentazioni interne del linguaggio, dette embedding, che catturano il significato e il contesto delle parole e delle frasi.

Il fine-tuning, invece, consiste nello specializzare il modello per una determinata attività o un certo dominio, fornendogli dei dati più specifici e un obiettivo più preciso. Per esempio, se vogliamo che il modello generi dei testi informativi su una certa materia, possiamo fornirgli dei testi relativi a quella materia, e chiedergli di produrre dei riassunti, delle domande o delle risposte. In questo modo, il modello adatta i suoi parametri e le sue rappresentazioni alle caratteristiche del compito e del dominio.

A proposito di machine learning, un ottimo esercizio che possiamo fare con i ragazzi per spiegare come imparano le intelligenze artificiali si chiama Teachable Machine, esperimento gratuito di Google. L'insegnante può decidere il tipo di modello che desidera addestrare (immagini, audio o pose), quindi si procede con la raccolta dei dati di esempio per ogni categoria. Per esempio, se stiamo addestrando un modello di riconoscimento delle immagini, potremmo caricare diverse immagini di un oggetto o di un animale. Una volta caricati i dati, si addestra il modello e lo si testa, verificando che l'algoritmo riconosca nuove immagini simili. Per ulteriori dettagli e guide, è possibile guardare tutorial specifici come quello presentato da prof. Romix su YouTube.

Molto interessante anche l'esperimento del MIT di Boston chiamato «Moral machine»: parlando di IA e etica, e in particolare del classico caso dell'auto a guida autonoma in situazione critica, l'utente deve decidere cosa fare: investire nonna e nipote oppure un cane, o ancora andare a schiantarsi? Il bello è che si possono anche creare scenari personalizzati.

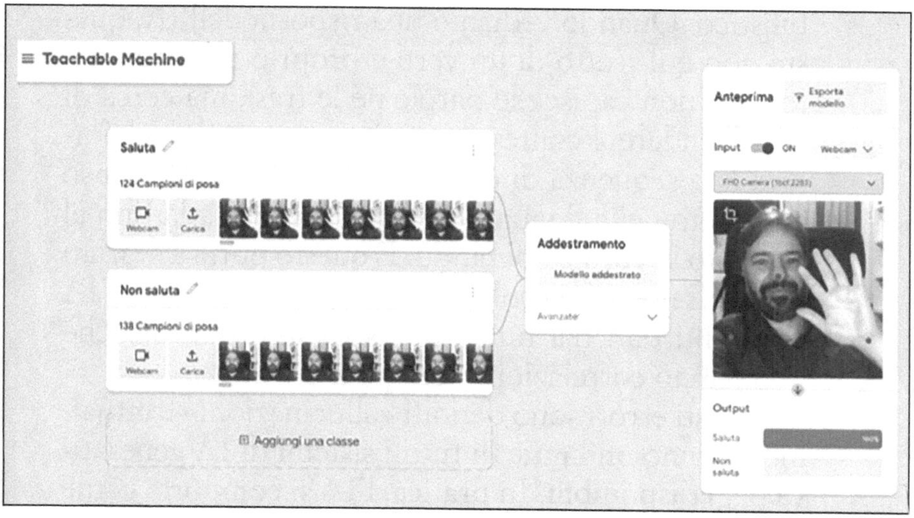

Ma torniamo ai modelli di linguaggio. La generazione di testi è il risultato finale del processo di apprendimento dei LLM. Si tratta di far produrre al modello dei testi nuovi e originali a partire da dei dati di input, che possono essere parole chiave, frasi, immagini o altro. Il modello usa le sue rappresentazioni interne del linguaggio per creare dei testi che siano coerenti, fluidi e rilevanti rispetto all'input e all'obiettivo. Il modello può anche controllare la lunghezza, lo stile e il tono dei testi generati, in base alle preferenze dell'utente o alle esigenze del contesto.

L'IA generativa non «cogita» realmente: non è una vera e propria intelligenza umana, ma una splendida illusione, basata sull'apprendimento automatico di grandi quantità di testi e sulla generazione di nuovi testi che sembrino plausibili e interessanti. Tuttavia, questa illusione funziona benissimo, e ha molte applicazioni pratiche e creative.

Ma perché parliamo di illusione? Il fatto è che questi algoritmi, per loro natura, sono di tipo probabilistico. Quando vediamo una risposta dell'IA, questa non è il frutto di un vero e proprio ragionamento: l'IA non capisce le parole né le frasi, ma cerca di comprendere il contesto in cui sta operando per fornire una sequenza di caratteri che abbiano un senso compiuto nella lingua desiderata e che si adattino al contesto in cui sta operando. E questo porta a svariati errori. E non di piccolo conto: capita spesso che l'IA si inventi dati dal nulla, o riporti informazioni che non hanno correlazione con quanto chiesto.

Questi errori sono definiti «allucinazioni» e attualmente sono un limite di tutti i sistemi di IA generativa oggi disponibili. In pratica, l'IA si comporta come uno studente poco preparato su uno specifico tema ma molto «sgamato» che, invece di fare scena muta a certe domande, cerca di abbozzare una risposta, sperando di azzeccarla. Il fatto è che il risultato generato dall'IA è mediamente di alta qualità, tanto da far sembrare credibili le informazioni riportate. È quindi uno strumento poco utile? No, tutt'altro. È utilissimo in svariati ambiti, ma bisogna comprenderne i limiti e verificare sempre le risposte. In caso contrario, si rischia di fare figure barbine. Come due avvocati statunitensi che hanno ben pensato di farsi generare da ChatGPT dei documenti da portare in un processo. Documenti formalmente inappuntabili, non fosse che l'IA si era inventata di sana pianta dei precedenti giudiziari. Cosa che è costata parecchi guai agli avvocati che si sono fidati ciecamente del risultato.

IA nella didattica: uno strumento utile o dannoso per i ragazzi?

«18 studenti su 23 hanno consegnato un tema di compito realizzato da ChatGPT. Un docente: "Difficile arginare il fenomeno con le esercitazioni a casa, in classe sequestriamo il cellulare"». Titola così un articolo di Orizzonte Scuola, incentrato sul fatto che la maggior parte dei ragazzi di una scuola di Cremona hanno fatto il compito tramite ChatGPT. Che fare, dunque? Se durante i compiti in classe si può proibire l'uso dello smartphone, a casa inevitabilmente i ragazzi lo utilizzeranno. Come Google e la calcolatrice, l'intelligenza artificiale può essere un eccellente strumento didattico. L'importante, però, è non abusarne.

In questo caso l'errore dei ragazzi è stato quello tipico, commesso anche da molti adulti: hanno copiato pari pari il risultato proposto da ChatGPT. Il problema è che, trattandosi di una terza media, inevitabilmente i loro scritti sono risultati ben migliori di quelli tipicamente prodotti da studenti di questo livello.

Comprensibile la preoccupazione degli insegnanti, ma l'innovazione non si può fermare. E l'IA questi ragazzi saranno chiamati a utilizzarla ogni giorno quanto entreranno nel mondo del lavoro, dato che diventerà un prerequisito per molti lavori, come l'uso di Office o della posta elettronica. Il compito degli educatori non dovrebbe quindi essere quello di frenare l'utilizzo di questi strumenti. Al contrario, dovrebbero promuoverli, ma insegnare alle loro classi a usarli in maniera critica e intelligente. Tenendo conto dei limiti di queste intelligenze artificiali, spiegando loro come utilizzarle non per scrivere al posto loro, ma come ausilio alla stesura di testi e alla ricerca di informazioni, per utilizzarlo con profitto nella vita di tutti i giorni.

IA nella didattica: esempi pratici

L'intelligenza artificiale (IA) può essere utilizzata nella didattica in vari modi, a seconda dei bisogni e degli obiettivi degli insegnanti e degli studenti. In generale, l'IA può svolgere tre funzioni principali, le 3 A: assistere, ampliare e arricchire le attività educative.

Assistere: l'IA può aiutare gli insegnanti a semplificare e automatizzare alcune mansioni, come la correzione dei compiti, il monitoraggio dei progressi, la personalizzazione dei percorsi di apprendimento, la gestione delle classi virtuali. Per esempio, la piattaforma Quizlet permette agli studenti di creare flashcard digitali per studiare qualsiasi argomento, e offre suggerimenti personalizzati basati sull'analisi dei dati degli studenti. Un altro esempio è Eedi, una piattaforma che propone quiz interattivi di matematica e fornisce feedback immediati e consigli per migliorare (vedi immagine sotto).

Ampliare: l'IA può aiutare gli studenti ad accedere a nuove conoscenze, risorse e opportunità, superando i limiti spaziali e temporali della scuola tradizionale. Per esempio, la piattaforma Duolingo permette agli studenti di imparare una lingua straniera in modo ludico e personalizzato, con esercizi adattivi e una valutazione automatica delle competenze. Un altro esempio è il già citato Google Arts & Culture (vedi immagine alla pagina seguente).

Arricchire: l'IA può aiutare gli studenti a sviluppare nuove competenze, creatività e pensiero critico,

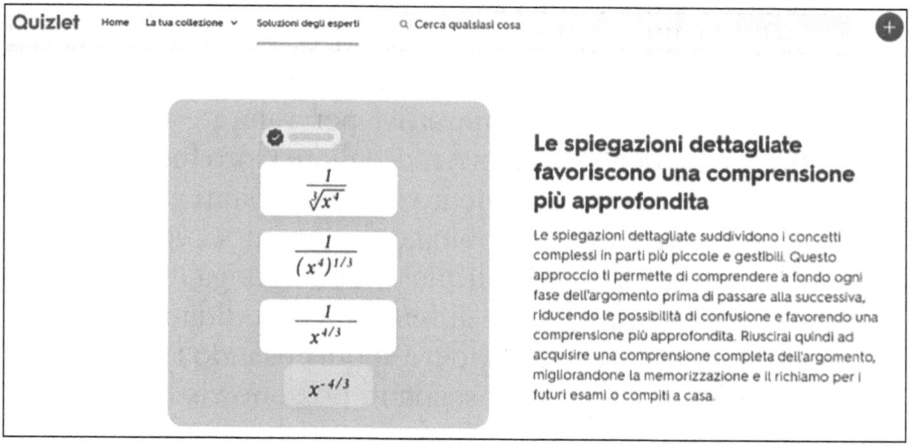

stimolando la loro curiosità e il loro coinvolgimento. Per esempio, la piattaforma Scratch permette agli studenti di creare storie, giochi e animazioni con un linguaggio di programmazione visuale, favorendo il pensiero computazionale e la collaborazione. Un altro esempio è ChatGPT, se usato per generare testi in base a delle parole chiave o a un tema.

Questi sono solo alcuni dei modi in cui l'IA può trasformare il processo educativo e favorire l'apprendimento degli studenti. Tuttavia, ci sono anche molti altri esempi pratici che possono illustrare le potenzialità dell'IA nell'ambito scolastico. Per esempio, la piattaforma Socrative permette agli insegnanti di creare quiz e sondaggi interattivi per valutare la comprensione degli studenti e raccogliere i loro feedback. Grazie a questo strumento, gli insegnanti possono scegliere tra diverse tipologie di domande, come vero o falso, risposta multipla, breve o lunga, e personalizzare i quiz in base ai loro obiettivi didattici. Gli studenti possono rispondere ai quiz usando i loro dispositivi mobili, e gli insegnanti possono visualizzare in tempo reale i risultati e le statistiche. Questo permette di monitorare i progressi degli studenti, individuare le lacune e le difficoltà, e intervenire in modo adeguato. Inoltre, la piattaforma offre anche la possibilità di creare sondaggi per raccogliere le opinioni e le preferenze degli studenti, e stimolare la discussione e il confronto in classe.

Un altro esempio è BrainPOP, una piattaforma che offre video animati, giochi ed esercizi su vari argomenti curricolari, con l'assistenza di un simpatico robot chiamato Moby. I video sono brevi, divertenti e informativi, e coprono diverse materie, come matematica, scienze, storia, arte, lingue e tecnologia. Ogni video è accompagnato da una serie di risorse didattiche, come quiz, attività, fogli di lavoro e glossari, che possono essere usate dagli insegnanti per integrare e rafforzare le lezioni. Gli studenti possono anche esplorare i vari argomenti a loro piacimento, seguen-

do i loro interessi e la loro curiosità. La piattaforma offre inoltre una modalità di apprendimento personalizzato, chiamata My BrainPOP, che permette agli studenti di tenere traccia dei loro progressi, ricevere feedback e suggerimenti, e guadagnare dei distintivi per il loro impegno. Queste piattaforme possono essere utilizzate dagli insegnanti per rendere le lezioni più coinvolgenti, interattive e divertenti, e dagli studenti per approfondire e consolidare le loro conoscenze.

L'IA, come visto, può offrire numerosi benefici per l'educazione, se usata in modo etico, responsabile e complementare al ruolo umano. Può facilitare la personalizzazione, la differenziazione, la valutazione e la motivazione dell'apprendimento, e allo stesso tempo supportare e arricchire il lavoro degli insegnanti. Tuttavia, l'IA non può sostituire il rapporto umano tra insegnanti e studenti, né la creatività, la critica e l'empatia che sono alla base di una buona educazione. Pertanto, è importante che l'IA sia usata come uno strumento al servizio dell'educazione, e non come un fine a se stessa.

Educare nell'era dell'IA: domande umane in un mondo di risposte artificiali

L'integrazione dell'intelligenza artificiale nel tessuto dell'educazione ci invita a una profonda riflessione sul futuro dell'insegnamento e dell'apprendimento. Questo capitolo, esplorando la vastità e la complessità dell'IA, dal machine learning alla generativa IA di ChatGPT, ci porta a considerare come queste tecnologie possano essere sia un incredibile strumento di ampliamento delle potenzialità didattiche, sia una sfida all'autenticità dell'esperienza educativa.

L'era dell'IA nella didattica ci obbliga a riconsiderare cosa significhi «sapere». La conoscenza, in un mondo popolato da algoritmi capaci di generare risposte a domande ancora non formulate, si allontana dalla mera memorizzazione di informazioni verso un'abilità più sfumata e decisamente più umana: la capacità di interrogare, di mettere in discussione, di connettere in maniera critica e creativa i punti dati dall'IA.

Questo cambiamento paradigmatico nella concezione della conoscenza pone gli educatori di fronte alla sfida di riformulare i loro metodi didattici. L'IA può offrire risposte, ma sono gli insegnanti che devono insegnare agli studenti l'arte di porre le giuste domande. In questo senso, l'IA diventa un catalizzatore per un apprendimento più profondo, che valorizza il processo di scoperta tanto quanto le risposte trovate.

L'educazione nell'era dell'IA ci invita anche a una riflessione etica sulla tecnologia. Mentre ci meravigliamo delle possibilità offerte dall'IA, dobbiamo anche porci domande sulle implicazioni di un suo utilizzo non critico. L'abilità di un algoritmo di generare testi persuasivi o risolvere complesse equazioni matematiche non deve oscurare l'importanza di insegnare agli studenti a riflettere sugli impatti sociali, culturali e personali dell'uso della tecnologia.

L'IA nella didattica rappresenta, dunque, un'opportunità per rinnovare l'impegno verso un'educazione che prepari gli individui non solo a navigare ma a modellare il mondo tecnologico in cui vivono.

Questo implica educare gli studenti a essere non solo consumatori di tecnologia, ma anche critici, creatori, e pensatori etici.

L'adozione dell'IA nell'educazione ci apre le porte a un futuro di infinite possibilità didattiche. Tuttavia, il vero potenziale di queste tecnologie si realizza solo quando sono integrate in un progetto educativo che pone l'essere umano al centro. Educare nell'era dell'IA significa accettare la sfida di formare individui capaci di usare la tecnologia con saggezza, critica e creatività, individui che sappiano andare oltre le risposte fornite dagli algoritmi, per formulare nuove domande che possano guidarci verso un futuro condiviso e umanamente significativo.

PROGETTI E ATTIVITÀ DIDATTICHE

La scuola italiana è legata a un metodo educativo ormai anziano e che forse merita di essere svecchiato: quello della lezione frontale. Un insegnante che parla alla classe, che si limita a seguire, prendere appunti ed eventualmente porre domande. Sicuramente le lezioni frontali hanno dei grandi vantaggi ed eliminarle completamente potrebbe non portare a miglioramenti nel metodo educativo, ma siamo anche convinti che sia necessario affiancare a questo tipo di lezioni anche altre più interattive, magari utilizzando strumenti digitali per rendere il tutto più intrigante.

Attività per le scuole elementari

Per le scuole elementari, le attività didattiche che coinvolgono gli strumenti digitali devono essere semplici, divertenti e stimolanti. L'obiettivo è quello di avvicinare i bambini al mondo della tecnologia, ma anche di supportare l'apprendimento di materie tradizionali come la matematica, la lingua o le scienze. Per esempio, si possono stimolare i più piccoli a realizzare storie interattive con *Scratch*. Scratch è un linguaggio di programmazione grafico che permette di creare animazioni, giochi e storie con blocchi colorati. I bambini possono creare le loro storie, scegliere i personaggi, inserire effetti sonori e dialoghi e condividere le loro opere con gli altri. Questa attività stimola la creatività, il ragionamento logico e la cooperazione.

Un vantaggio importante che porta il linguaggio di programmazione Scratch per i bambini delle elementari è quello di sviluppare il pensiero computazionale, ovvero la capacità di risolvere problemi in modo logico, creativo e strutturato. Il pensiero computazionale è una competenza trasversale che si applica non solo all'informatica, ma anche ad altre materie scolastiche e alla vita quotidiana. Imparare a programmare con Scratch aiuta i bambini a formulare ipotesi, elaborare algoritmi, testare soluzioni, correggere errori e comunicare i risultati. Inoltre, Scratch permette di creare progetti originali e personalizzati, stimolando l'immaginazione, l'autostima e la motivazione. Un altro vantaggio che porta il linguaggio di programmazione Scratch per i bambini delle elementari è quello di prepararli al futuro lavorativo, dove le competenze digitali saranno sempre più richieste e valorizzate. Saper programmare è una skill che apre molte opportunità professionali, sia nel settore tecnologico che in altri ambiti, come la medicina, l'arte, l'educazione o l'intrattenimento. Imparare a programmare già da piccoli dà ai bambini un vantaggio competitivo, in quanto li abitua a ragionare in modo critico, analitico e collaborativo. Inoltre, Scratch insegna ai bambini a usare la tecnologia in modo attivo e creativo, anziché passivo e consumistico.

Scoprire il corpo umano con Zygote Body

Zigote Body è un'applicazione web che mostra in 3D le diverse parti del corpo umano, come lo scheletro, i muscoli, gli organi e i sistemi. I bambini possono interagire con il modello, ingrandire, ruotare e selezionare le parti che vogliono approfondire. Questa attività favorisce lo studio delle scienze, la curiosità e l'osservazione. Svolgerla in maniera interattiva, è un modo per rendere più intriganti le lezioni e coinvolgere maggiormente i ragazzi. Chi ha superato i 40 probabilmente ricorderà con nostalgia la serie TV *Siamo fatti così*, che oltre ad essere un cartone animato istruttivo e molto ben fatto, è diventato un'iniziativa editoriale. Acquistando tutte

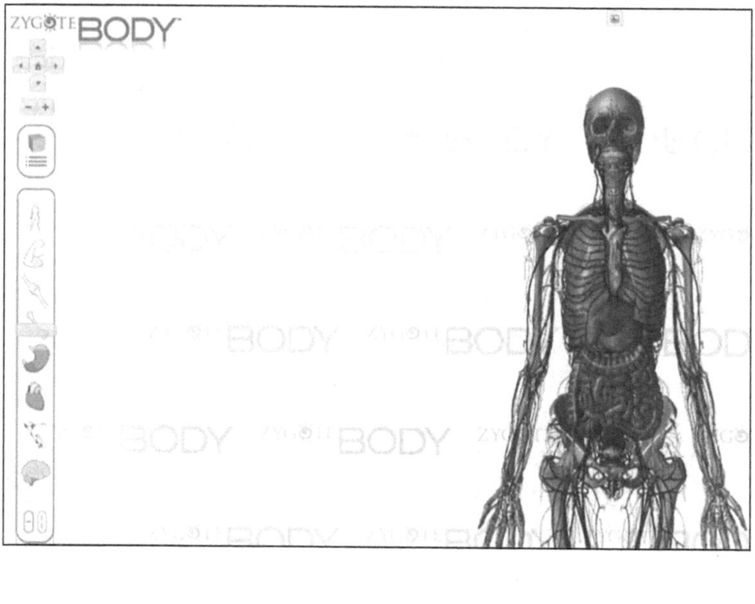

le uscite, si arrivava ad avere un modello tridimensionale di un corpo umano, che comprendeva anche tutti gli organi interni. Possiamo considerare Zygote Body come la versione moderna del modellino del corpo umano.

Attività per le scuole medie

Per le scuole medie, le attività didattiche che coinvolgono gli strumenti digitali devono essere più complesse, sfidanti e coinvolgenti. L'obiettivo è quello di approfondire le competenze digitali, ma anche di integrare l'uso della tecnologia con le discipline scolastiche, così da prepararli a utilizzare la tecnologia per svolgere attività che non siano strettamente ricreativi.

Creare presentazioni multimediali con PowerPoint o con Canva

PowerPoint è un software che permette di creare presentazioni con testi, immagini, audio e video. Gli studenti possono usare PowerPoint per realizzare dei lavori di gruppo su un tema specifico, come un libro, un personaggio storico o un fenomeno naturale. Questa attività sviluppa le abilità comunicative, la ricerca e la sintesi. In pratica, invece di dare come compito la classica ricerca testuale, si può chiedere ai ragazzi di elaborarla tramite PowerPoint (ma vanno bene anche alternative gratuite come Google Presentazioni) e poi di esporre i risultati oralmente, alla lavagna, utilizzando le slide come materiale di supporto. In pratica, anticipando i compiti che potrebbero svolgere da adulti. Dal 2023 Power-

Point, se incluso in Office 365, può essere potenziato dall'intelligenza artificiale di Copilot Pro. In pratica è possibile interagire con un chatbot per creare e modificare le slide.

Oltre a PowerPoint gli studenti possono usare Canva: questa piattaforma, molto popolare nelle scuole, facilita la creazione di presentazioni contenenti testi, immagini ed elementi grafici vari. Gli insegnanti possono incoraggiare gli studenti a utilizzare Canva per assemblare progetti di gruppo su argomenti diversi, come l'arte, la scienza o eventi storici. Questo strumento permette di sviluppare competenze di design, organizzazione del contenuto e capacità di sintesi. Canva è un mondo, offre anche un'ampia varietà di template gratuiti e risorse visive nonché l'uso dell'intelligenza artificiale per facilitare mille compiti: scontornare le foto, creare testi per le presentazioni e così via. I progetti possono poi essere condivisi e presentati in classe, fornendo una base visuale su cui discutere e riflettere. Con la versione «education» di Canva, accessibile gratuitamente a scuole e istituti didattici, è anche possibile collaborare in tempo reale su una presentazione, migliorando ulteriormente le capacità di lavoro di squadra degli studenti.

Laboratorio sulle sintografie

Le sintografie sono le immagini generate dall'intelligenza artificiale. Sono tanti gli strumenti, gratis e a pagamento, che permettono il cosiddetto «text to image», da testo a immagine. Uno di questo, liberamente accessibile, è Copilot. Il laboratorio per la lezione d'arte potrebbe consistere nel ricreare un quadro famoso, come per esempio la Primavera di Botticelli, con lo stile di un altro pittore, come Van Gogh. Ecco un possibile risultato (vedi immagine sotto).

Oppure si potrebbe chiedere all'IA di visualizzare un'immagine fantascientifica, come per esempio la Roma del futuro con la consegna dei pacchi da parte dei droni (vedi immagine alla pagina accanto).

Per chi volesse spingersi oltre, esistono sistemi di text to image molto evoluti come Stable Diffusion.

In un laboratorio di classe, gli studenti possono imparare le basi della generazione di immagini con IA, discutere le implicazioni etiche dell'uso di tali tecnologie e sviluppare progetti creativi che integrano le loro competenze artistiche e tecniche. Per esempio, potrebbero creare illustrazioni per storie scritte da loro o visualizzare dati scientifici in modo più intuitivo (grazie alle infografiche). Quando si parla di intelligenza artificiale generativa non ci si limita solo al text-to-text o al text-to-image, come visto in questi ultimi esempi. Si parla anche di text-to-video: in attesa di provare Sora di OpenAI, che promette meraviglie, si può testare Invideo. Per chi invece vuole cimentarsi con il text-to-music potrà divertirsi con Suno, tra l'altro disponibile anche come plugin di Microsoft Copilot: permette di creare canzoni con tanto di base e cantato a partire da un semplice prompt testuale, come per esempio «una canzone blues, con voce femminile, che parla di intelligenza artificiale in classe».

Risolvere problemi matematici con Geogebra
Geogebra è un software che consente di fare geometria, algebra e calcolo in modo dinamico e interattivo. Gli studenti possono usare Geogebra per visualizzare grafici, figure, funzioni e trasformazioni, ma anche per verificare ipotesi, formulare congetture e dimostrare teoremi. Questa attività stimola il ragionamento, l'astrazione e la deduzione.

Creare podcast con Audacity
Audacity è un software che permette di registrare, modificare e mixare audio. Gli studenti possono usare Audacity per creare dei podcast su argomenti di loro interesse, come la musica, lo sport, il cinema o l'attualità. Questa attività potenzia l'espressione, la creatività e la critica e molto probabilmente verrà apprezzata moltissimo dai ragazzi, che oggi guardano con ammirazione a influencer e star del web. Utilizzare strumenti come Audacity permetterà agli insegnanti di migliorare le capacità di espressione orale e di argomentazione dei loro studenti, e allo stesso tempo di trasferire loro una serie di competenze tecniche per utilizzare gli strumenti per l'editing dell'audio digitale. Può essere un'occasione anche per insegnare i rudimenti del segnale digitale e analogico, per esempio mostrando loro come varia la qualità dell'audio in relazione alla frequenza di campionamento utilizzata.

Attività per le scuole superiori

Per le scuole superiori, le attività didattiche che coinvolgono gli strumenti digitali devono essere più avanzate, innovative e trasversali. L'obiettivo è quello di preparare gli studenti al mondo del lavoro e della cittadinanza digitale, ma anche di promuovere il pensiero critico, la collaborazione e la responsabilità.

Creare siti web con WordPress
WordPress è un software (tecnicamente un CMS: sistema di gestione dei contenuti) che permette di creare e gestire siti web in modo semplice e personalizzato. Gli studenti possono usare WordPress per realizzare dei progetti scolastici o personali, come un blog, un portfolio, un giornale online o una piattaforma di e-learning. Questa attività rafforza le competenze informatiche, il design e la gestione dei contenuti. Ovviamente ora anche WordPress integra un modulo per la scrittura automatica dei contenuti con l'IA.

Le simulazioni con Kahoot
Kahoot è una piattaforma che permette di creare e giocare a quiz interattivi su qualsiasi argomento. Gli studenti possono usare Kahoot per partecipare a delle simulazioni di esami, concorsi o prove di verifica, ma anche per sfidarsi tra di loro in modo divertente e competitivo. Questa attività migliora la memoria, l'attenzione e la motivazione. Dal 2023 Kahoot ha integrato l'uso dell'intelligenza artificiale generativa per la creazione dei contenuti.

Collaborare con Google Drive
Google Drive è un servizio che offre spazio di archiviazione online e applicazioni per creare e modificare documenti, fogli di calcolo, presentazioni e altro.

Gli studenti possono usare Google Drive per collaborare a progetti multidisciplinari, condividendo file, commenti e feedback in tempo reale. Questa attività favorisce il lavoro di squadra, la comunicazione e l'organizzazione. Il focus non dovrebbe essere sugli strumenti in sé, quanto sulla capacità di saper sfruttare queste applicazioni per creare un flusso di lavoro efficace, introducendoli così al concetto di workflow e ottimizzazione dei processi. Delle competenze che sicuramente saranno utilissime quando si dovranno affacciare al mondo del lavoro. Dal 2023 Drive permette di usare moduli aggiuntivi che sfruttano l'intelligenza artificiale come, per esempio, SlidesAI per creare le presentazioni multimediali.

Laboratori di prompt engineering

Da tempo si dice che il prompt engineering, l'arte di costruire input ottimizzati per i chatbot, sia il lavoro del futuro. Invece sarà una competenza, non un mestiere. Tutti i professionisti dovranno padroneggiarla. Perché non partire dalla scuola superiore? Ecco alcune indicazioni per creare un buon prompt:

- Mettere il chatbot in ruolo: iniziare con «Agisci come» (per esempio, «Agisci come un insegnante di geografia»);
- Definire istruzioni molto dettagliate (può essere utile anche includere parole chiave specifiche), definendo bene anche l'obiettivo della richiesta. Evitare le ambiguità;
- Fornire degli esempi: ChatGPT e compagnia bella sono bravi anche a copiare lo stile di un testo;
- Specificare il formato dell'output desiderato

(poesia in endecasillabi, tabelle con tot colonne, to do list, ecc.);

- Chiedere al chatbot di far domande per raccogliere tutte le informazioni utili per un output completo;
- Essere gentili.

Un esempio di laboratorio potrebbe essere: i ragazzi devono trovare il prompt giusto per fare in modo che ChatGPT simuli un colloquio di lavoro, specificando azienda, ruolo, dettagli dell'offerta e così via. Se fatto con Copilot, si può chiedere al chatbot di recuperare online queste informazioni, per esempio con un link al sito dell'azienda o all'offerta su Indeed o Infojobs.

Animare un chatbot
Esistono tantissimi chatbot già «in ruolo»: per esempio, Character IA consente di chiacchiere con molte celebrità, storiche o contemporanee, da Napoleone ad Ariana Grande, dalle Tartarughe Ninja a Elon Musk (vedi immagine alla pagina seguente). Ma vi è anche la possibilità, con un buon prompt, di far indossare a ChatGPT i panni di qualsiasi VIP e di conversare con lei o lui. I ragazzi potrebbero inscenare una intervista doppia, in stile Le Iene, tra Giulio Cesare e Bruto.

Oppure è possibile alimentare un chatbot con propri contenuti e istruirlo a rispondere solo su quello. Esistono diversi strumenti per farlo: per esempio, School IA, specifico per il mondo scolastico, oppure Chatbase, che nella versione gratuita permette di elaborare e studiare fino a 400.000 caratteri di testo, PDF e documenti Word compresi.

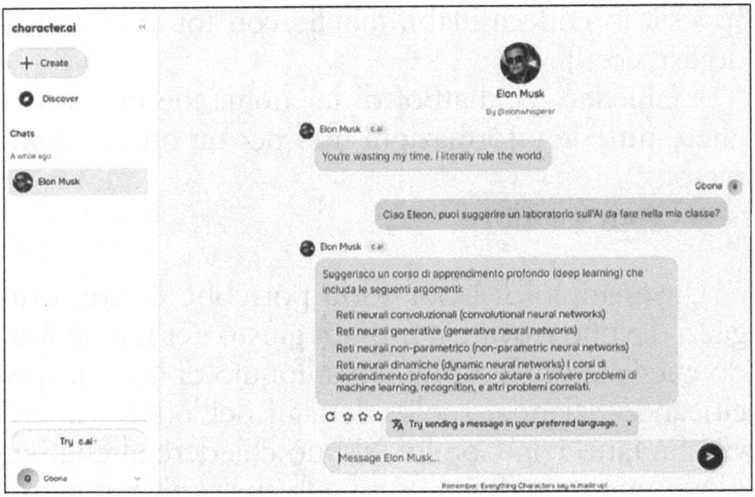

Come creare progetti di gruppo multimediali

Tutti i dispositivi offrono molte possibilità di apprendimento e creatività. Gli studenti li possono usare per progetti di gruppo che richiedono ricerca, produzione e condivisione di contenuti multimediali. Questa attività stimola la cooperazione, la responsabilità e l'espressione personale.

Un esempio di progetto di gruppo è la creazione di un podcast. Un podcast è un contenuto audio o video che si può ascoltare o guardare online o scaricare su un dispositivo. I podcast possono trattare vari argomenti, come la cultura, lo sport, la musica, la scienza, ecc. Gli studenti possono creare un podcast su un tema di loro interesse, sfruttando le potenzialità degli smartphone.

Per creare un podcast, il primo passo è dividere la classe in gruppi di tre o quattro persone. Ogni gruppo sceglie un tema e un titolo per il proprio podcast e si confronta su come realizzare lo svolgimento. Il tema deve essere adeguato al livello e agli obiettivi degli studenti, e deve suscitare la loro curiosità e motivazione.

Il secondo passo è assegnare a ogni membro del gruppo un ruolo. Un ruolo può essere quello di sceneggiatore, che scrive il testo del podcast; di conduttore, che introduce e conclude il podcast; di intervistatore, che pone domande a degli ospiti; di intervistato, che risponde alle domande; di regista, che coordina le operazioni tecniche; di editor, che monta e modifica il podcast. I ruoli possono variare a seconda del tipo e della durata del podcast. Per esempio, se il podcast è una fiction, si possono avere dei ruoli di attori o di narratori. Se il podcast è un documentario, si possono avere dei ruoli di esperti o di testimoni. Ogni studente deve svolgere il proprio ruolo con impegno e competenza, e collaborare con gli altri membri del gruppo.

Il terzo passo è preparare il materiale necessario. Per creare un podcast, si possono usare le applicazioni native del dispositivo, come la fotocamera, il regi-

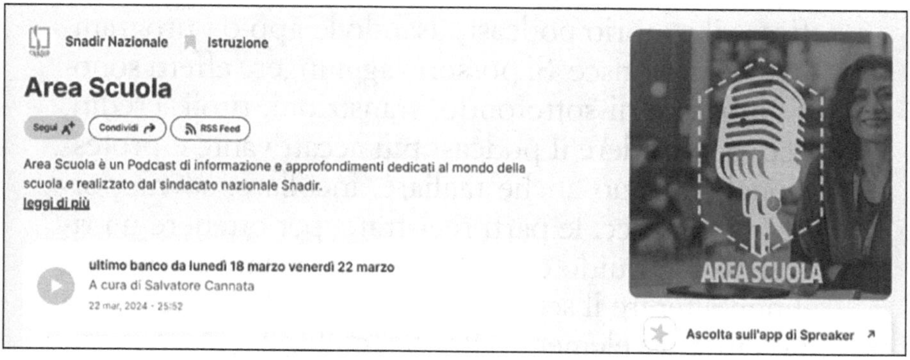

stratore vocale, il lettore musicale, o scaricare delle app specifiche, come Spotify, Spreaker, Podbean, ecc. Si possono anche usare degli accessori, come un treppiede, un microfono e delle cuffie per migliorare la qualità del podcast. Inoltre, si può cercare online della musica libera da diritti, delle immagini, dei video, delle fonti, ecc. che possano arricchire il podcast. Si deve fare attenzione a rispettare le norme sul diritto d'autore e sulla privacy, e a citare le fonti utilizzate.

Il quarto passo è registrare il podcast. Ogni gruppo si reca in un luogo tranquillo e silenzioso, dove può registrare il proprio podcast usando il dispositivo. Si consiglia di fare delle prove prima di registrare definitivamente, per verificare il volume, la qualità, la durata e il contenuto del podcast. Si può usare una sola app per registrare sia l'audio che il video, oppure usare app separate e poi sincronizzare le tracce. Si può anche decidere di registrare il podcast in diretta, usando delle piattaforme di streaming, come YouTube, Twitch, Facebook Live, ecc. In questo caso, si deve fare attenzione a non commettere errori o a non dire cose inappropriate.

Il quinto passo è montare e modificare il podcast. Ogni gruppo usa un dispositivo per montare e modificare il proprio podcast, usando le app o i programmi che preferisce. Si possono aggiungere effetti sonori, musiche di sottofondo, transizioni, titoli, crediti, ecc. per rendere il podcast più accattivante e professionale. Si può anche tagliare, incollare, sovrapporre, mixare, ecc. le parti registrate, per ottenere un risultato più fluido e coerente. Si deve fare attenzione a non alterare il senso o la veridicità del podcast, e a non inserire elementi offensivi o illegali.

Il sesto e ultimo passo è condividere il podcast. Ogni gruppo carica il proprio podcast su una piattaforma di distribuzione, come SoundCloud, Spotify, Apple Podcast, ecc. oppure su un sito web o un blog creato appositamente (magari col già citato WordPress). Si possono anche inserire delle informazioni aggiuntive, come una breve descrizione, dei link, dei tag, ecc. che possano aiutare a promuovere e diffondere il podcast. Infine, si possono anche invitare gli altri gruppi, i docenti, i genitori, ecc. ad ascoltare o guardare il podcast e a lasciare dei commenti o delle valutazioni. Si può anche organizzare una presentazione o una discussione in classe, per confrontarsi sulle esperienze e sui risultati ottenuti.

L'aula del futuro: dove la tecnologia incontra il talento umano

Questo capitolo dedicato ai progetti e alle attività didattiche ci apre gli occhi su un'aula del futuro dove l'educazione non è più ancorata a metodologie unidirezionali ma si evolve in un dinamico scambio di idee e creatività. In questo contesto, il ruolo dell'insegnante si trasfigura: non più un semplice dispensatore di conoscenze, ma un orchestratore di esperienze, un facilitatore che guida i suoi studenti attraverso il mare magnum delle informazioni digitali, aiutandoli a costruire il proprio sapere con strumenti che vanno oltre il libro di testo.

In particolare, l'introduzione alla programmazione attraverso Scratch nelle scuole elementari non solo pone le basi per le competenze informatiche ma alimenta anche un pensiero logico e una creatività strutturata. Questo approccio invita i bambini a vedere la tecnologia non solo come intrattenimento ma come uno strumento di espressione personale e di risoluzione problemi, gettando le basi per una cittadinanza digitale responsabile e attiva.

Zygote Body e altri strumenti interattivi offrono una lente d'ingrandimento sul mondo, permettendo agli studenti di esplorare l'anatomia umana o l'universo in modi che prima erano impossibili senza costosi laboratori. Questa esplorazione visuale e tattile stimola la curiosità innata degli studenti, invitandoli a porre domande, a ricercare e, soprattutto, a non accontentarsi delle risposte facili che la superficie del web spesso propone.

Nelle scuole medie, progetti che prevedono l'uso di PowerPoint, Canva o laboratori sulle sintografie spingono gli studenti a esplorare le proprie capacità narrative e artistiche, a sviluppare la capacità critica e a lavorare in squadra. Queste attività, oltre a rinforzare le competenze digitali, promuovono un apprendimento che è al contempo individuale e collettivo, dove ciascuno può scoprire il proprio percorso di crescita pur condividendo un obiettivo comune con i compagni.

Per le scuole superiori, l'incoraggiamento a creare siti web, partecipare a simulazioni con Kahoot, o collaborare su Google Drive, non solo prepara gli studenti alle sfide del mercato del lavoro ma li educa anche alla cittadinanza digitale, insegnando loro il valore della condivisione della conoscenza, del rispetto delle diverse opinioni e dell'importanza della privacy e della sicurezza online.

Questi strumenti, queste metodologie innovative, aprono la strada a un approccio educativo che vede la tecnologia come alleata nell'educazione, non come nemica o semplice sostituta dei metodi tradizionali. La vera sfida per l'educatore moderno sarà quella di integrare questi strumenti in un progetto pedagogico che ponga al centro lo studente, le sue esigenze, le sue paure e le sue aspirazioni, ricordando che dietro ogni schermo, ogni programma, ci sono persone in cerca di guida, comprensione e ispirazione.

Questo capitolo sulle attività didattiche ci sprona a immaginare un modello educativo che, pur radicato nella tradizione e nel rigore accademico, si apre con entusiasmo alle possibilità offerte dal digitale. Un modello che prepari gli studenti non solo a navigare ma a modellare attivamente il mondo digitale in cui vivono, facendo di loro non solo consumatori ma creatori di contenuto, critici informati e cittadini consapevoli. Questo è il futuro dell'educazione che immaginiamo: un luogo dove ogni studente può trovare la propria voce, esplorare i propri talenti e contribuire alla società con la piena consapevolezza delle proprie capacità e responsabilità.

Capitolo Sesto

Casi di successo

Fin qui abbiamo visto una serie di possibil applicazioni della tecnologia, intelligenza artificiale inclusa, in classe. Ora è il momento di portare qualche esempio concreto di come alcuni insegnanti hanno innovato il loro modo di fare lezione. Il primo lo abbiamo vissuto tutti, a ben vedere. Quando il Covid ha costretto tutti al distanziamento sociale, è stato necessario trovare delle soluzioni per continuare a svolgere le lezioni in sicurezza. E, sebbene nessuno fosse pronto a tale eventualità, Zoom, Skype, Teams e Google Meet si sono rivelate indispensabili per il mondo scolastico. Certo, non tutto ha funzionato per il meglio da subito: gli insegnanti non erano minimamente preparati a utilizzare le nuove tecnologie, e non è stato facile per loro cambiare da un giorno all'altro l'approccio all'insegnamento. A questo si sono uniti problemi infrastrutturali (ancora oggi, non tutti i comuni possono godere di connessioni a banda ultralarga, spesso nemmeno a banda larga). Ma, pur a fatica, si è continuato a fare lezione. E oggi quegli stessi strumenti sono evoluti tantissimo, tanto che oggi l'educazione a distanza è una normalità, soprattutto in ambito universitario.

Ma vediamo altri esempi, a partire da quello che arriva dalla Carnegie Mellon University, che ha introdotto un innovativo sistema di tutoraggio che fa leva sull'intelligenza artificiale.

Il Cognitive Tutor della Carnegie Mellon University

Questo sistema si chiama Cognitive Tutor e fa parte del progetto Open Learning Initiative (OLI), che mira a sviluppare corsi online interattivi e personalizzati per gli studenti universitari. Il Cognitive Tutor è un software che monitora il progresso degli studenti, fornisce feedback immediati, suggerimenti e spiegazioni, e adatta il contenuto e la difficoltà delle attività in base al livello di apprendimento di ciascuno. Inizialmente è stato sviluppato per le materie STEM, ma è stato poi esteso ad altre aree come le lingue, le scienze sociali e quelle umanistiche. Il software utilizza modelli cognitivi, che sono rappresentazioni computazionali dei processi mentali degli studenti, per simulare il loro ragionamento e le loro strategie di problem solving. In questo modo, il Cognitive Tutor può riconoscere gli errori e le lacune degli studenti, e offrire loro una guida adeguata e personalizzata.

Cognitive Tutor è stato sperimentato in diversi contesti educativi, sia online che in presenza, con risultati positivi. Per esempio, uno studio condotto nel 2013 ha confrontato gli studenti che hanno usato il Cognitive Tutor per un corso di statistica con quelli che hanno seguito il metodo tradizionale di insegnamento. I risultati hanno mostrato che gli studenti che hanno usato il Cognitive Tutor hanno ottenuto punteggi più alti nei test, hanno avuto una maggiore soddisfazione e motivazione, e hanno dimostrato una migliore comprensione dei concetti statistici.

Un altro esempio di successo del Cognitive Tutor è stato riportato nel 2016 da un gruppo di insegnanti di una scuola superiore in Pennsylvania, che hanno usato il software per integrare il loro curriculum di matematica. Gli insegnanti hanno osservato che il Cognitive Tutor ha permesso agli studenti di lavorare al proprio ritmo, di ricevere feedback immediati e di avere una maggiore fiducia nelle proprie capacità. Inoltre, gli insegnanti hanno potuto monitorare il progresso degli studenti e intervenire tempestivamente in caso di difficoltà o di bisogno di approfondimento.

L'IA entra a scuola con Labster

La realtà virtuale è una tecnologia che, nonostante gli enormi investimenti da parte di aziende come Meta, non è ancora riuscita a imporsi sul grande pubblico. Non mancano applicazioni interessanti, giochi inclusi, così come visori per la VR a cifre ragionevoli (un Meta Quest 2, che non è il visore più recente di Meta ma funziona ancora molto bene, si trova per poco più di 300 euro). Eppure, il sogno del metaverso di Zuckerberg ancora non si è concretizzato. Questo non significa che in ambiti verticali, fra cui l'educazione, questa tecnologia possa fare la differenza. Labster, per esempio, è un'applicazione che sfrutta la VR

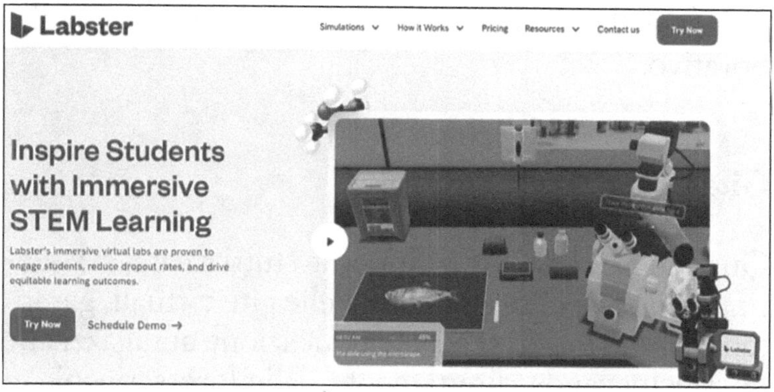

che include differenti pacchetti per differenti tipi di lezione, dedicati sia alle scuole superiori sia alle università. Va detto che non è necessario un visore: l'applicazione è accessibile tramite normali schermi, tramite browser, come un tipico videogioco.

Fra gli istituti che l'hanno sperimentata c'è l'Università di Hong Kong, che ha adottato Labster per insegnare le basi della biologia molecolare ai suoi studenti. Attraverso l'uso di simulazioni virtuali, gli studenti hanno potuto esplorare il laboratorio e condurre esperimenti in modo interattivo e coinvolgente. I risultati hanno mostrato un miglioramento dei punteggi, del coinvolgimento e della soddisfazione degli studenti rispetto al metodo tradizionale di lezioni frontali e laboratori fisici. Anche il celeberrimo MIT, il Massachusetts Institute of Technology, ha collaborato con Labster per sviluppare una serie di moduli VR dedicati alla bioingegneria. Gli studenti hanno potuto imparare concetti complessi come la sintesi proteica, la genomica e la terapia genica, sperimentando scenari realistici e sfidanti. Il feedback degli studenti è stato positivo, evidenziando il valore aggiunto della VR per l'apprendimento attivo e collaborativo.

Gite virtuali con CodyTrip

Quando la pandemia ha bloccato tutti a casa, si è sentita l'esigenza di organizzare delle gite virtuali, garantendo momenti di svago ed educazione ai ragazzi che «partecipavano» direttamente dalle loro scrivanie, a casa.

Il 26 e 27 maggio 2020, è stato condotto un esperimento pilota per offrire alle scuole un viaggio di istruzione online di due giorni a Urbino, permettendo a più di 7.000 ragazzi tra i 7 e i 14 anni di condividere una gita scolastica malgrado il lockdown. L'esperienza si è svolta totalmente online, con il coinvolgimento delle famiglie, degli insegnanti e delle scuole, che l'hanno gestita come un vero viaggio

di istruzione, simulandone anche gli aspetti logistici e conviviali: il viaggio, la cena insieme, il pernottamento in albergo, il pigiama party, la storia della buona notte, il risveglio muscolare e il tempo libero per la città. Da allora, molte delle famiglie che hanno partecipato alla gita virtuale con i propri figli hanno deciso di visitare Urbino e si sono presentate agli operatori museali, alle guide, agli esercenti e ai ristoratori conosciuti online.

I riscontri dei partecipanti, l'efficacia, l'accessibilità e la scalabilità delle soluzioni tecniche adottate e le sinergie che l'iniziativa ha innescato a livello territoriale, ne hanno dimostrato il valore socio-culturale e le potenzialità, anche al di fuori di emergenze sanitarie, motivando DIGIT Srl a continuare lo sviluppo del format e della tecnologia abilitante, chiamata ActiveViewer.

Nell'anno scolastico 2020/21 sono state organizzate 5 gite a Urbino, al Museo Marino Marini di Firenze, a Torino, in Puglia e a Napoli, offerte gratuitamente alle scuole grazie al contributo di DIGIT Srl, di Alpitour e del Museo Marino Marini di Firenze. Nell'anno scolastico successivo sono state organizzate altre cinque gite al Salone del Libro di Torino, a Pisa alle origini di Internet e dell'universo, a Firenze dietro le quinte dei libri di testo, a Gubbio e a Urbino per i 600 anni di Federico da Montefeltro, a Matera e al centro spaziale ASI.

Hanno partecipato alle gite più di 200.000 bambini e bambine (pari a circa l'8% della popolazione studentesca italiana di primaria e secondaria di primo grado) con insegnanti e genitori, per un totale di più di 250.000 persone. Sono state coinvolte più di 5.000

classi da più di 2.000 città. Le Olimpiadi della robotica di Fanuc.

Fra le iniziative che hanno coinvolto le scuole italiane nel campo della robotica meritano di essere menzionate le Olimpiadi della robotica di Fanuc, leader mondiale nella produzione di robot industriali. Un evento che ogni anno propone sfide stimolanti e divertenti agli studenti delle scuole secondarie di secondo grado: nel 2021, il focus era sul progettare e realizzare un sistema robotico in grado di eseguire una serie di operazioni di assemblaggio e smistamento di componenti utilizzando un kit didattico fornito da Fanuc.

Le scuole partecipanti hanno ricevuto una formazione specifica sulla tecnologia Fanuc e sul software di simulazione Roboguide, che permette di creare e testare virtualmente i programmi dei robot. Le squadre si sono confrontate in due fasi eliminatorie online, in cui hanno dovuto risolvere dei problemi di logica e programmazione, e una finale nazionale in presenza, presso la sede italiana di Fanuc a Lainate (MI), dove hanno dovuto affrontare una prova pratica di montaggio e smontaggio di una pila di batterie.

Le Olimpiadi della robotica di Fanuc hanno avuto lo scopo di avvicinare le nuove generazioni alla robotica, un settore in forte crescita e con ampie prospettive di sviluppo professionale. L'Italia è infatti uno dei principali utilizzatori al mondo di robot industriali, secondo solo alla Germania in Europa, e le aziende sono alla ricerca di figure specializzate in grado di progettare, programmare e mantenere i sistemi robotici. Partecipando alle Olimpiadi, gli studenti hanno potuto acquisire competenze tecniche e trasversali, come il lavoro di squadra, il problem solving e il pensiero computazionale, che sono fondamentali per il loro futuro.

Arriva ClassMate Robot, il primo edudroide

A marzo 2024 è stato presentato ClassMate Robot, un progetto sperimentale di Scuolab, spin-off di Protom Group. Il robot è il risultato di una sperimentazione condotta dal Dipartimento di Scienze Sociali dell'Università degli Studi di Napoli Federico II, che ha osservato e registrato i risultati della presenza in aula del compagno robotico. A quanto emerge dalle prime sperimentazioni, ClassMate Robot si è dimostrato un compagno di classe unico e coinvolgente, in grado di portare benefici per docenti e alunni.

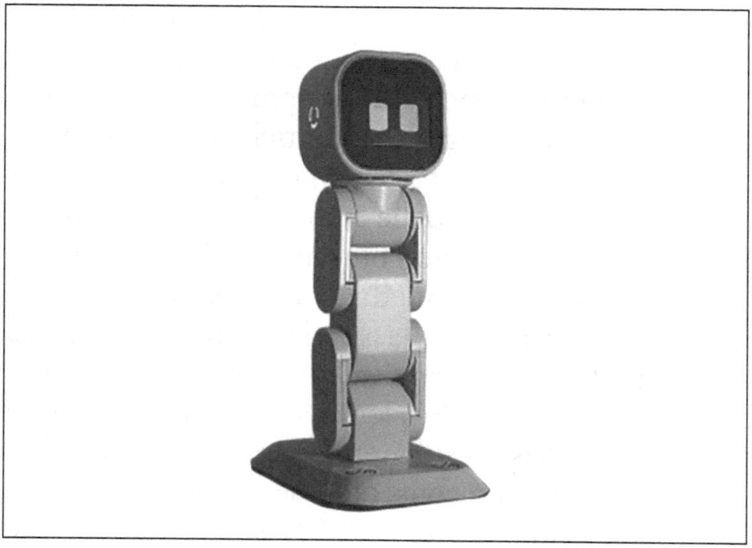

Lezioni appassionanti, interattive e dinamiche hanno avvicinato sempre più gli studenti a materie spesso complesse e di difficile apprendimento. Utilizzando nativamente l'intelligenza artificiale, il robot può essere addestrato, in più lingue, da docenti e studenti, con l'obiettivo di implementare semplicemente modalità di insegnamento/apprendimento innovative e di arricchire efficacemente le principali attività didattiche: dalla spiegazione alla rielaborazione dei contenuti da parte degli studenti fino alla verifica delle conoscenze e competenze acquisite.

Nella sperimentazione sono state coinvolte cinque scuole, che hanno contribuito a immaginare possibili utilizzi del robot e percorsi didattici che ne valorizzino il potenziale sia per lo sviluppo delle competenze cognitive, socio-emotive e digitali degli studenti che per il miglioramento del clima di classe. Questo ha generato una seconda specificità del progetto ClassMate Robot. Grazie alla contaminazione tra le diverse voci che hanno partecipato alla co-progettazione, gli usi del ClassMate Robot sono stati pensati sin dall'inizio per rispondere ai bisogni formativi dei nostri studenti e alle esigenze didattiche degli insegnanti delle nostre scuole, fortemente ancorati agli obiettivi formativi sanciti dalle indicazioni nazionali e a metodologie didattiche come il problem solving, il learning by doing o la media education. Un ulteriore aspetto qualificante della sperimentazione riguarda l'impiego di un rigoroso disegno di valutazione curato dal dipartimento di scienze sociali della Federico II di Napoli, basato sull'approccio della Theory Based Evaluation, che consentirà sia di ricostruire se e come la sperimentazione del ClassMate Robot nelle classi delle 5 scuole coinvolte si svilupperà secondo quanto progettato e produrrà gli effetti attesi, che di riflettere sugli eventuali effetti inattesi. Il tutto al fine di ritornare sulla progettazione del ClassMate Robot e di arricchire le sue funzionalità sociali ed educative.

EDUCAZIONE E INTELLIGENZA ARTIFICIALE: UN VIAGGIO TRA TECNOLOGIA, PSICOLOGIA E RELAZIONI

Capire le sfide e le opportunità portate dall'integrazione dell'intelligenza artificiale nella didattica, come illustrato attraverso i case study, richiede una riflessione che si estende oltre le implicazioni tecniche o pedagogiche, per abbracciare anche le dimensioni psicologica e relazionale. La relazione tra studenti e conoscenza viene radicalmente ridefinita dall'introduzione di tecnologie avanzate, quali l'intelligenza artificiale e la realtà virtuale, incidendo non solo sulle metodologie di apprendimento ma anche sulla struttura stessa dell'esperienza educativa.

In questo contesto, assume particolare rilevanza la considerazione dello spazio psicologico entro cui si svolge l'apprendimento. Strumenti come il Cognitive Tutor, Labster, o ClassMate Robot, con il loro potenziale di personalizzazione dell'esperienza educativa, invitano a una riflessione sul concetto di apprendimento come viaggio interiore, oltre che intellettuale. L'esperienza personalizzata proposta da queste tecnologie va oltre la semplice trasmissione di conoscenze, invitando gli studenti a un dialogo interiore in cui si riconoscono come protagonisti attivi del proprio percorso formativo.

Da un punto di vista psicoterapeutico, ciò rappresenta un'opportunità unica di promuovere nei giovani una maggiore consapevolezza di sé e delle proprie capacità. Il feedback immediato e personalizzato, tipico di queste tecnologie, contribuisce a creare un ambiente di apprendimento in cui l'errore è destigmatizzato, trasformandosi da fonte di frustrazione a opportunità di crescita. Questo processo può rivelarsi fondamentale nella costruzione di un'identità studentesca basata sulla resilienza e sulla capacità di affrontare le sfide con fiducia e creatività.

Altrettanto importante è la dimensione relazionale introdotta dall'uso della tecnologia in classe. Gli strumenti digitali, specialmente quando impiegati in modo critico e consapevole, possono facilitare forme di collaborazione e di condivisione del sapere che superano i confini tradizionali dell'aula, promuovendo una visione dell'apprendimento come esperienza condivisa e socialmente arricchente.

Tuttavia, per realizzare appieno questo potenziale, è essenziale che gli educatori siano non solo tecnicamente preparati all'uso delle nuove tecnologie, ma anche sensibili alle loro implicazioni psicologiche e sociali. In questo senso, la formazione degli insegnanti assume un ruolo cruciale, richiedendo un approccio che integri competenze tecnologiche con una profonda comprensione delle dinamiche psicologiche e relazionali alla base dell'apprendimento.

I case study presentati in questo capitolo offrono preziose intuizioni sulle possibilità aperte dall'innovazione tecnologica nell'educazione, evidenziando al contempo la necessità di un approccio olistico che consideri l'individuo nella sua interezza. L'adozione di strumenti avanzati come l'intelligenza artificiale e la realtà virtuale rappresenta non solo una sfida tecnologica ma anche un'occasione per rinnovare profondamente l'esperienza educativa, arricchendola di nuove dimensioni psicologiche e relazionali.

Capitolo Settimo

L'IA per le incombenze burocratiche degli insegnanti

Altro che nemica: l'intelligenza artificiale può essere il miglior alleato dell'insegnante che, ben oltre i compiti didattici, è sommerso da carte e moduli. Gli insegnanti si trovano spesso oberati da molti compiti amministrativi che possono sottrarre tempo prezioso dall'insegnamento e dall'interazione con gli studenti. In questo contesto, strumenti quali ChatGPT e Copilot, e altri ancora, si rivelano risorse inestimabili, capaci di rivoluzionare la gestione delle attività burocratiche a scuola. Ecco alcune idee che scaturiscono dal confronto con le nostre mogli (Giada, moglie di Giuseppe, e Laura, moglie di Gianluigi, insegnano rispettivamente nella primaria e nella secondaria di primo grado) e dalla nostra esperienza di docenti universitari.

All'inizio dell'anno scolastico, gli insegnanti sono chiamati a redigere le programmazioni didattiche, un compito che richiede un'attenta pianificazione e che può beneficiare significativamente del supporto IA. Le programmazioni sono di due tipi: per materia e di classe. La prima riguarda gli obiettivi e i contenuti specifici di ciascuna disciplina, mentre la seconda include informazioni complessive come progetti, gite, uscite didattiche e valutazioni. Qui, l'intelligenza artificiale può offrire assistenza nella raccolta e nell'organizzazione delle informazioni (per esempio, ChatGPT Plus riesce a fare l'OCR, il riconoscimento ottico dei caratteri, di un testo scritto in corsivo), facilitando la stesura di documenti coerenti e completi. Uno strumento come Copilot di Microsoft, dato che anche nella versione gratis può navigare in rete (cosa che ChatGPT gratis non può fare), può suggerire strutture di documento o fornire modelli basati su best practice educative.

Ulteriori sfide burocratiche emergono con la necessità di redigere Piani Didattici Personalizzati (PDP) per studenti con Disturbi Specifici di Apprendimento (DSA) o Bisogni Educativi Speciali (BES), nonché Piani Educativi Individualizzati (PEI) per gli studenti bisognosi di sostegno. Qui, per esempio, ChatGPT e Gemini di Google possono semplificare la personalizzazione dell'apprendimento, analizzando i dati relativi alle performance e alle preferenze di apprendimento degli studenti per suggerire strategie didattiche ottimali. La gestione dei verbali dei consigli di classe e delle commissioni rappresenta un altro compito gravoso per gli insegnanti. Qui, l'IA può trasformare la burocrazia in un processo snello, offrendo strumenti di trascrizione automatica e di generazione di testo che permettono di redigere documenti accurati in modo rapido ed efficiente. Uno strumento molto potente, benché gratuito, è Whisper di OpenAI: «sbobina» qualsiasi testo, da file audio o da video, in pochi secondi. In alternativa consigliamo Turboscribe, gratis per la sbobinatura di tre video da mezz'ora al giorno. Poi è possibile usare ChatGPT per dare forma al verbale, sistemare la punteggiatura e così via.

Inoltre, sistemi di IA avanzati possono analizzare i verbali per identificare temi ricorrenti o problemi emergenti, fornendo agli insegnanti insight preziosi per migliorare le pratiche educative.

A fine anno, poi, la valutazione del lavoro svolto richiede la preparazione di report finali e la documentazione dei risultati degli studenti. In questo scenario, sempre ChatGPT può aiutare a compilare i dati in report comprensivi, evidenziando successi e aree di miglioramento. Questo non solo facilita la comunicazio-

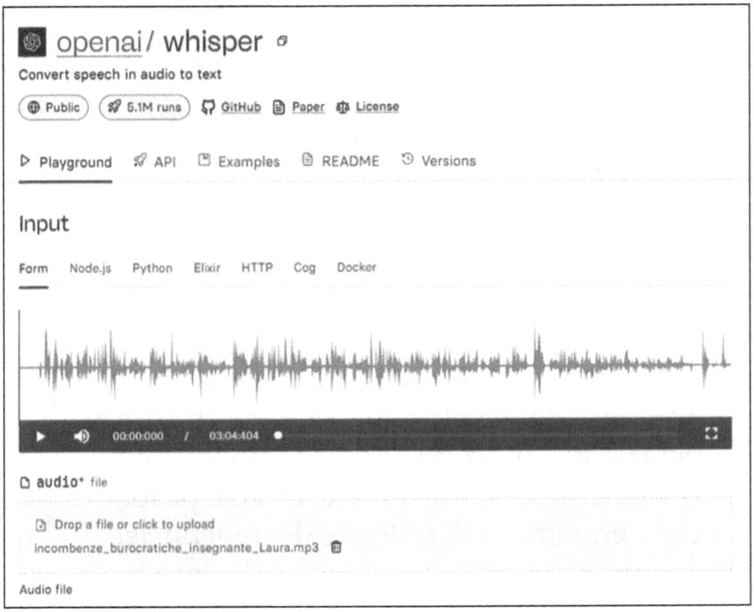

ne con studenti e genitori ma anche fornisce una base solida per la pianificazione didattica. Va detto che queste operazioni devono essere svolte con attenzione, dato che i dati immessi sono sensibili: per questo occorre disabilitare la possibilità che le informazioni immesse vengano usate per il training del modello.

Un caso a parte è costituito dai bandi, soprattutto in era PNRR. Nella versione a pagamento di ChatGPT (20 dollari, circa 22 euro, al mese) esistono diversi GPTs, chatbot iperspecializzati, che possono aiutare l'insegnante in diversi compiti: preparare lezioni personalizzate, valutare e correggere testi, simulare interviste con personaggi famosi. Ma vi sono anche chatbot specializzati sui bandi. In questo caso, per esempio, abbiamo provato a chiedere assistenza sul D.M. 65/2023.

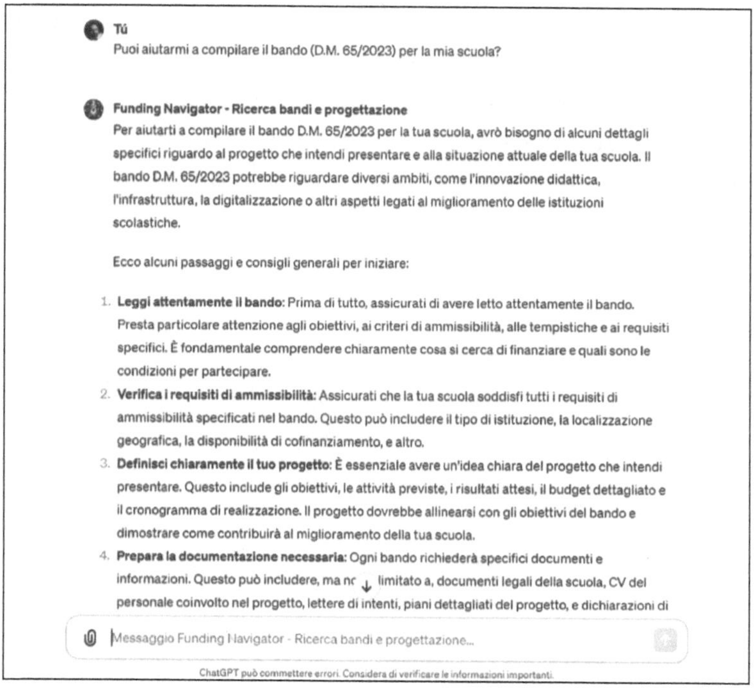
Tú

Puoi aiutarmi a compilare il bando (D.M. 65/2023) per la mia scuola?

Funding Navigator - Ricerca bandi e progettazione

Per aiutarti a compilare il bando D.M. 65/2023 per la tua scuola, avrò bisogno di alcuni dettagli specifici riguardo al progetto che intendi presentare e alla situazione attuale della tua scuola. Il bando D.M. 65/2023 potrebbe riguardare diversi ambiti, come l'innovazione didattica, l'infrastruttura, la digitalizzazione o altri aspetti legati al miglioramento delle istituzioni scolastiche.

Ecco alcuni passaggi e consigli generali per iniziare:

1. **Leggi attentamente il bando:** Prima di tutto, assicurati di avere letto attentamente il bando. Presta particolare attenzione agli obiettivi, ai criteri di ammissibilità, alle tempistiche e ai requisiti specifici. È fondamentale comprendere chiaramente cosa si cerca di finanziare e quali sono le condizioni per partecipare.
2. **Verifica i requisiti di ammissibilità:** Assicurati che la tua scuola soddisfi tutti i requisiti di ammissibilità specificati nel bando. Questo può includere il tipo di istituzione, la localizzazione geografica, la disponibilità di cofinanziamento, e altro.
3. **Definisci chiaramente il tuo progetto:** È essenziale avere un'idea chiara del progetto che intendi presentare. Questo include gli obiettivi, le attività previste, i risultati attesi, il budget dettagliato e il cronogramma di realizzazione. Il progetto dovrebbe allinearsi con gli obiettivi del bando e dimostrare come contribuirà al miglioramento della tua scuola.
4. **Prepara la documentazione necessaria:** Ogni bando richiederà specifici documenti e informazioni. Questo può includere, ma nc ↓ limitato a, documenti legali della scuola, CV del personale coinvolto nel progetto, lettere di intenti, piani dettagliati del progetto, e dichiarazioni di

Messaggio Funding Navigator - Ricerca bandi e progettazione...

ChatGPT può commettere errori. Considera di verificare le informazioni importanti.

Altro strumento interessantissimo per studiare il PDF di un bando, e qualsiasi altro documento, è Humata: dopo aver caricato il file, lui lo studia e noi possiamo fargli tutte le domande che vogliamo. In questo caso, per esempio, abbiamo caricato le istruzioni per una prova scritta di un concorso (vedi immagine sotto):

Humata non solo dà la risposta corretta, ma evidenzia in quale punto del testo l'ha pescata.

Esistono diverse alternative a Humata. Citiamo, tra le altre, ChatPDF e AskYourPDF, segnalando però che il già menzionato Perplexity ha la capacità di leggere i PDF (gratuitamente tre al giorno). In ultimo vale la pena citare un ottimo strumento di Google, disponibile nel nostro Paese dal giugno del 2024: NotebookLM. Dà la possibilità di caricare più fonti (PDF, testo libero, link) e di interrogarle tutte insieme. Per esempio, qui abbiamo caricato una presentazione di Napoleone e abbiamo usato la funzione di creazione della cronologia. NotebookLM permette di interrogare audio, video Youtube e appunti, e genera podcast a partire dai propri documenti (vedi immagine alla pagina accanto).

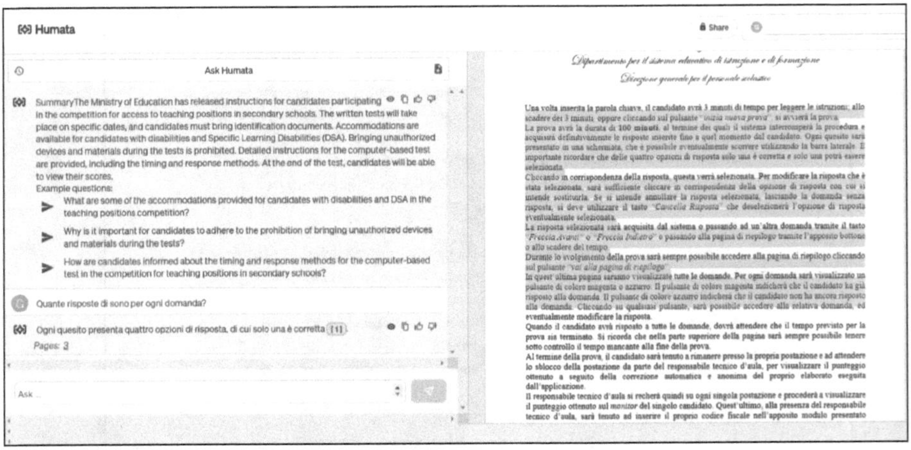

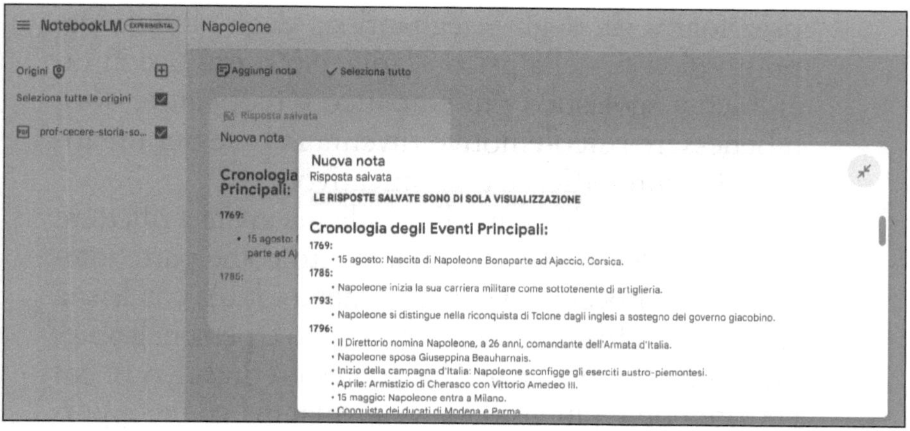

Ritrovare il cuore dell'educazione: l'IA al servizio della relazione umana

Da questo capitolo, dedicato all'uso dell'intelligenza artificiale per alleggerire il fardello burocratico degli insegnanti, emerge una profonda riflessione sul potenziale trasformativo di questa tecnologia nell'ambito educativo. L'adozione dell'IA per gestire attività amministrative non rappresenta semplicemente un sollievo logistico, ma inaugura un'era di significative implicazioni psicologiche e pedagogiche per l'ecosistema scolastico nel suo complesso.

Ridurre gli oneri burocratici permette agli insegnanti di riconnettersi con la loro vocazione primaria: quella di mediatori del sapere, mentori e figure di riferimento emotivo per gli studenti. Tale rinnovato focus sull'aspetto umano e relazionale dell'insegnamento potrebbe innescare un circolo virtuoso, migliorando la qualità dell'apprendimento e la salute psicologica sia degli insegnanti sia degli alunni. Dal punto di vista della psicoterapia, ciò si traduce in un ambiente scolastico più empatico e motivante, dove il benessere psico-emotivo diventa la base per un apprendimento efficace e significativo.

Questo cambiamento di paradigma invita a riflettere sul valore dell'errore e del fallimento come parte integrante del processo di apprendimento. L'IA, con la sua capacità di offrire risposte immediate e personalizzate, può contribuire a creare un contesto educativo in cui l'errore non è più visto come stigma, ma come opportunità di crescita e apprendimento. Questa nuova prospettiva può rafforzare la resilienza degli studenti, incoraggiando la sperimentazione e la curiosità intellettuale.

Inoltre, l'impiego dell'IA nelle pratiche educative apre interrogativi etici e filosofici profondi sull'autonomia della decisione educativa e sul ruolo dell'insegnante nell'era digitale. La tecnologia può supportare, ma non sostituire, la sensibilità, l'intuizione e l'esperienza umane, che restano irrinunciabili per guidare gli studenti nel loro percorso di formazione e scoperta personale.

La sfida per gli educatori sarà quindi quella di integrare l'IA in maniera consapevole e critica, mantenendo al centro del processo didattico la relazione umana e i valori etici. Questo richiederà una continua formazione e un aggiornamento sulle potenzialità e i limiti della tecnologia, nonché un dialogo aperto con gli studenti sui cambiamenti che la digitalizzazione porta nella società e nell'individuo.

Il ricorso all'IA per snellire le pratiche burocratiche sottolinea l'importanza di rivalutare il tempo scolastico, non più come una sequenza di compiti da svolgere, ma come uno spazio di possibilità per l'esplorazione, la riflessione e la connessione umana. L'obiettivo ultimo è quello di formare individui capaci di pensare criticamente, agire eticamente e vivere emotivamente in un mondo sempre più mediato dalla tecnologia.

Tutti gli strumenti citati

Per comodità di consultazione, abbiamo pensato di riassumere nella seguente lista tutti i tool citati nel libro, in ordine alfabetico. In verità abbiamo caricato la bozza del testo, un file DOCX, in ChatGPT Plus e abbiamo chiesto a lui di fare questo lavoro.

Ecco l'elenco dei tool menzionati nel documento, ordinati in ordine alfabetico:

Password - 1password.com/it
AlgoEducation - algoreducation.com
Apple Podcasts - apple.com/it/apple-podcasts
AskYourPDF - askyourpdf.com
Assemblr EDU - edu.assemblrworld.com
Audacity - audacityteam.org
BrainPOP - brainpop.com
Canva - canva.com
ChatGPT di OpenAI - chat.openai.com
Character AI - https://character.ai
Chatbase.co - www.chatbase.co
ChatPDF - chatpdf.com
Codemooc - codemooc.org/codytrip-2020

DALL-E 3 by OpenAI - openai.com/dall-e-3
DeepL Translator - deepl.com
Duolingo - it.duolingo.com
Eedi - eedi.com
Gamma - gamma.app
Gemini - gemini.google.com
GeoGebra - geogebra.org
GitHub Copilot - copilot.microsoft.com
Google Arts & Culture - artsandculture.google.com
Google Drive - drive.google.com
Google Earth - google.com/intl/it/earth/about/
Google Forms - google.it/intl/it/forms/about
Google Lens - lens.google
Google Translate - translate.google.it
Google Workspace for Education - edu.google.com
Humata AI - humata.ai
Invideo - https://invideo.io
Kahoot! - kahoot.it
Labster - labster.com
LastPass - lastpass.com/it
Microsoft Copilot - copilot.microsoft.com
Microsoft Designer - designer.microsoft.com
Microsoft Forms - forms.office.com
Microsoft Office for Education - microsoft.com/it-it/education/products/office
Microsoft Teams for Education - microsoft.com/it-it/education/products/teams
Minecraft Education Edition - education.minecraft.net/it-it
Mizou - mizou.com
Moral Machine - moralmachine.net
NotebookLM - notebooklm.google.com
Open Learning Initiative - oli.cmu.edu

Perplexity AI - perplexity.ai
Podbean - podbean.com
Quizlet - quizlet.com/it
School AI - https://schoolai.com
Scratch - scratch.mit.edu
SlidesAI - slidesai.io/it
Socrative - socrative.com
SoundCloud - soundcloud.com
Spotify for Podcasters - podcasters.spotify.com
Spreaker - spreaker.com
Stable Diffusion - stablediffusionweb.com
Suno - www.suno.ai
Teachable Machine di Google - teachablemachine.withgoogle.com
Turboscribe, turboscribe.ai
Whisper di OpenAI - replicate.com/openai/whisper
WordPress - wordpress.com
Zoom for Education - explore.zoom.us/it/industry/education/
Zygote Body - zygotebody.com

INSEGNANTI LUCANI E INTELLIGENZA ARTIFICIALE GENERATIVA

A cura di Daniela Ciorciaro,
referente Di.Te. per la Basilicata

Indagine conoscitiva del Garante dell'Infanzia e dell'Adolescenza di Basilicata e dell'Associazione Dipendenze tecnologiche, GAP e Cyberbullismo (Di.Te.)

Il progetto di indagine conoscitiva è nato a seguito della sottoscrizione di un Protocollo di Intesa stipulato in data 26/06/2023 tra il Garante dell'Infanzia e dell'Adolescenza della Basilicata e l'Associazione Dipendenze tecnologiche, GAP e Cyberbullismo, con l'obiettivo congiunto di rivolgere l'attenzione sulla tematica sempre più diffusa dell'intelligenza artificiale; in particolar modo sull'uso della stessa in ambito educativo, didattico.

Il sondaggio ha avuto inizio il 15 novembre 2023, con l'invio a tutte le scuole della Regione Basilicata e al rettore dell'Università Unibas, di un'email contenente la richiesta di partecipazione alla ricerca.

Un testo introduttivo formulava le motivazioni connesse sulle quali, il Garante dott. Vincenzo Giuliano e l'esperta referente della Di.Te. dott.sa Daniela Ciorciaro, puntavano per la raccolta dei dati: interpellare gli insegnanti sulla conoscenza e utilizzo dell'intelligenza artificiale generativa in classe; sul ruolo che essa può svolgere nel futuro dell'educazione e se modificherà la mansione degli insegnanti.

Faceva seguito, un link al quale potersi collegare e poter rispondere a un questionario online, mediante qualsiasi dispositivo digitale.

È stato utilizzato un questionario online costruito mediante Google Moduli, strutturato a risposta multipla suddiviso in due sezioni: la prima contenente informazioni generali sui partecipanti come genere, età, ordine di scuola, provincia di insegnamento e anni di insegnamento; la seconda contenente quattordici domande specifiche, suddivise in due sottosezioni.

La prima sottosezione con sole due domande chiuse sull'utilizzo degli assistenti virtuali e sulla conoscenza di ChatGPT; la seconda con tutte le altre domande con possibilità di più opzioni di risposta.

Tra le due sottosezioni è stata inserita una breve descrizione di ChatGPT come annotazione.

Per il testo completo del questionario si rimanda alla fine di questa Appendice.

Campione e analisi dei dati

L'adesione è avvenuta su base volontaria. La fase operativa di rilevazione dei dati è durata fino alla fine di febbraio 2024. Le risposte sono state memorizzate nel database di Google Moduli. Non è stata richiesta alcuna email o altro dato personale al partecipante.

Alcuni insegnanti, spontaneamente, ai fini di una capillare diffusione, hanno copiato il link del sondaggio sulla propria chat di WhatsApp e hanno provveduto a inoltrarla ai contatti dei colleghi di team.

L'adesione si è dimostrata ampia, raccogliendo un numero totale di 787 partecipanti.

Al fine di ottenere una qualità soddisfacente dei risultati del sondaggio, è stato applicato un approccio duplice. Al primo livello, la soluzione software offerta da Google ha garantito una lettura dei risultati in modo semplice e lineare. Al secondo livello, una lettura ragionata ha permesso di approfondire le singole tematiche utilizzando analisi comparative e tabulazioni incrociate filtrando i risultati.

La maggior parte delle risposte sono giunte dagli insegnanti degli Istituti comprensivi e Istituti Superiori delle due province Lucane, mentre solo 6, le risposte da parte dei docenti Unibas.

Il 61,6% delle risposte sono state fornite da insegnanti della Provincia di Potenza, e 38,4% da quelli di Matera con prevalenza femminile 82% rispetto a quella maschile.

La compilazione del questionario è stata eseguita da insegnanti con età compresa tra i 50- 60 anni, a cui fa seguito la fascia 40-50. Degna di nota, con il 12,8% la compilazione del questionario ad opera di insegnanti di età superiore ai 60 anni.

Oltre il 42% dei compilanti insegna presso la scuola primaria; 32,8% nella scuola secondaria di I grado e quasi il 24% nella scuola secondaria di II grado, con una anzianità di servizio prevalentemente compresa tra 10 e 20 anni.

Quasi il 65 % degli insegnanti dichiara di utilizzare assistenti virtuali come Alexa, Siri, Tobi, Cortana nella vita quotidiana, ma solamente il 13,7% conosce e utilizza ChatGPT.

Approfondendo questo dato possiamo notare che, delle 106 persone totali, 28 sono gli insegnanti di scuola primaria che conoscono e utilizzano ChatGPT; 37 quelli della scuola secondaria di I grado e 38 della secondaria di II grado. La metà dei docenti Unibas ad aver compilato il sondaggio (un piccolo campione di tre persone) lo conosce e lo utilizza per motivi personali.

Sono le donne a usare maggiormente l'intelligenza artificiale (74), rispetto agli uomini (32).

Larga fetta di insegnanti invece (49,4%) ne ha sentito parlare prevalentemente dal web, tg e giornali, ma non lo utilizzano, mentre il 37,1% non lo conosce affatto.

Più della metà dei partecipanti (67%) è curiosa di saperne di più, per il 36% di questi aderendo alla proposta di seguire un corso specifico su ChatGPT per gli insegnanti (livello base). La restante percentuale si divide tra farsi un'idea utilizzandolo in prima persona; frequentare un workshop di livello avanzato e infine farsi spiegare le funzionalità direttamente dagli alunni in classe. In tutti gli ordini di scuola le risposte seguono questo andamento ordinale.

Il rimanente 33% invece non è interessato ad approfondire la questione, specificando di non dover utilizzare l'intelligenza artificiale a scuola e di non farla utilizzare.

L'utilizzo che ne fanno gli insegnanti di ChatGPT è prevalentemente quello di: trovare ideecreative per le lezioni; poi per motivi personali; infine, per creare esercizi, test e verifiche per la propria disciplina.

Quando si parla invece dell'utilizzo in classe di ChatGPT, i numeri, calano drasticamente.

Nessun docente lo utilizza regolarmente nella sua classe.

Diciotto insegnanti, invece, lo utilizzano occasionalmente.

Nello specifico sei insegnanti nella scuola elementare, con feedback di alunni che hanno trovato utile lo strumento.

Due docenti che lo utilizzano nella scuola Media, riscontrando reazioni contrastanti negli studenti e dieci docenti che lo utilizzano occasionalmente nella scuola Superiore, ricevendoper la maggior parte feedback contrastanti dagli studenti.

In maggioranza, le misure di sicurezza adottate dagli insegnanti nell'utilizzo di ChatGPT èstato l'assicurarsi che gli alunni inserissero i giusti comandi (prompt) e successivamente effettuare un controllo attento dei risultati generati.

Il suggerimento che i docenti vorrebbero fornire ai colleghi che stanno valutando di utilizzare ChatGPT nella loro pratica didattica è quello di formarsi sull'uso dello strumento e dopo averne sondato le potenzialità, valutare attentamente come sfruttarlo per migliorarela qualità del proprio lavoro.

Infine, nelle ultime due domande, gli insegnanti si sono espressi sulla loro idea di futuro riguardo insegnamento e intelligenza artificiale.

Circa il 67% dei partecipanti sostiene che gli insegnanti si avvarranno della IA per risparmiare tempo e creare lezioni adatte a tutti gli alunni. Ma più della metà di essi non èsicuro che l'IA possa svolgere un ruolo importante nell'educazione del futuro.

Commento sull'esito

Partendo dalla numerosità dei dati raccolti possiamo ritenere che la tematica è particolarmente sentita nell'ambito delle istituzioni scolastiche. Nonostante le risposte poi, dicano che la maggior parte degli insegnanti Lucani, non conoscano e non utilizzino ChatGPT in classe, siamo soddisfatti di aver stimolato la riflessione su un argomento chenegli anni a venire, susciterà ancora dibattiti significativi.

In Basilicata, molti sono gli insegnanti che sostengono che l'IA non andrebbe utilizzata esuggeriscono «di non usare questi sistemi e tornare alla tradizionale lezione integrata convideo per stimolare la curiosità degli allievi».

Ma chi lo utilizza invece riporta: «Personalmente sto utilizzando ChatGPT per porre le domande al Bot sotto forma di dialogo partecipato. In questo modo verifico se la comprensione della domanda e le relative risposte sia chiara e valida anche nei contenuti. È anche un ottimo metodo per aiutare a focalizzare i contenuti sia di lezioni sia di test di valutazione».

Per gli insegnanti lucani l'utilizzo di ChatGPT in classe aumenta in modo direttamente proporzionale al ciclo di istruzione.

La maggioranza dei docenti intervistati è concorde nel ritenere la formazione fondamentale per approcciarsi all'IA poiché «la formazione è estremamente importante sia per capire bene l'uso e sia per trasmetterlo poi correttamente ai nostri studenti». E inoltre c'è qualcuno che «auspica corsi di formazione da parte dell'Ufficio Scolastico Regionale sull'IA».

Infatti, a nostro parere, l'IA non è solo uno strumento che il docente può inserire di punto in bianco nella propria lezione, ma va raccontata, spiegata.

Uno slancio ottimistico nei confronti dell'IA e nell'approfondirne l'utilizzo, arriva in maggior parte dai maestri delle scuole primarie, i quali sostengono che possa migliorare l'educazione risparmiando tempo e creando lezioni adatte a tutti.

Tuttavia i restanti partecipanti, ancora insicuri e forse intimoriti dall'intelligenza artificiale non credono che possa svolgere un ruolo importante nell'educazione del futuro.

In conclusione, siamo certi che l'integrazione dell'IA nella scuola continuerà a evolversi e a suscitare riflessioni di valore.

È di fondamentale importanza, affrontare queste sfide con uno spirito di apertura e collaborazione, affinché tutti possano utilizzare i sistemi di IA, con competenza e senso critico. Questo implica migliorare la comprensione dell'IA, delle sue potenzialità e dei suoi limiti, nonché promuovere un'alfabetizzazione digitale inclusiva e accessibile a tutti i livelli della società.

Ci auguriamo quindi, che gli insegnanti possano mantenere sempre un approccio attivo e guidato dalla curiosità, per esplorare il funzionamento delle tecnologie digitali e a tenersi aggiornati e formati sull'intelligenza artificiale.

Questionario per gli insegnanti

Gent.mo/a docente, con questa indagine promossa dall'Associazione Nazionale Di.Te. in collaborazione con il Garante dell'Infanzia e dell'Adolescenza della Basilicata, vorremmo conoscere la tua opinione in merito alla diffusione dell'intelligenza artificiale generativa e del suo utilizzo nel campo educativo, in particolar modo nel sistema scolastico.

Genere
M
F
Preferisco non rispondere

In quale provincia insegni
Pz
Mt

Età (fasce)
25-30
30-40
40-50
50-60
Over 60

Ordine di scuola in cui insegni
Primaria
Secondaria di I grado
Secondaria di II grado
Università (Unibas)

Nome dell'istituto scolastico

Totale degli anni di insegnamento

1. *Utilizzi assistenti virtuali nella vita quotidiana?*
   Sì (Alexa, Siri, Cortana, Tobi ...)
   No

2. *Conosci ChatGPT?*
   Sì, e lo utilizzo
   Sì, ne ho sentito parlare, ma non l'ho mai utilizzato
   No

ChatGPT sta per CHAT+Generative Pre-trained Transformer. ChatGPT è uno dei più famosi chatbot, ovvero un software/programma che simula ed elabora le conversazioni umane scritte o parlate, consentendo agli utenti di interagire con i dispositivi digitali come se stessero comunicando con una persona reale. Il chatbot interpreta ed elabora le richieste degli utenti e fornisce risposte tempestive e pertinenti. ChatGPT si basa sullo studio di una quantità enorme di dati (trilioni di parametri raccolti da fonti come Wikipedia, il web, Google Books, libri di programmazione, ecc.).

1. *Ne hai sentito parlare da chi?*
   Dagli studenti
   Dai colleghi
   In famiglia
   Al tg/web/giornali

2. *Sei curioso di saperne di più?*
Sì
No, non mi interessa

3. *Cosa ti interesserebbe?*
Farti un'idea utilizzandolo in prima persona
Farsi spiegare le funzionalità dagli alunni direttamente in classe
Seguire un corso specifico su ChatGPT per gli insegnanti (livello base)
Fare un workshop (livello avanzato) per imparare a interrogare e interagire con i chatbot
Altro (spiegare)

4. *Per cosa lo utilizzi? (possibilità di più risposte)*
Trovare idee creative per la lezione
Riassumere
Fare ricerche, creare elenchi
Scrivere un testo su tematiche e discipline
Creare esercizi, test e verifiche per la mia disciplina
Verificare se un tema di un alunno è scritto con ChatGPT
Provare differenti prompt (comandi)per capirne le funzionalità
Preparare la lezione in differenti lingue
Preparare una lezione semplificata per alunni BES
Motivi personali

5. *Utilizzi ChatGPT in classe con gli studenti?*
Sì, regolarmente
Sì, occasionalmente
No

6. *Hai mai ricevuto feedback dai tuoi studenti sull'uso di ChatGPT nelle tue lezioni?*
Sì
No

7. *Quali sono state le loro reazioni?*
Gli studenti hanno trovato utile l'uso di ChatGPT
Gli studenti hanno avuto reazioni contrastanti
Gli studenti hanno negato l'uso dello strumento (pur usandolo)
Non ho ricevuto feedback dagli studenti

8. *Quali precauzioni o misure di sicurezza hai adottato nell'uso di ChatGPT con i tuoi studenti?*
Controllo attento dei risultati generati da ChatGPT
Limitazione dell'accesso degli studenti a determinate funzionalità
Assicurarsi che inserissero i giusti prompt (comandi)
Non ho adottato precauzioni particolari

9. *Hai suggerimenti o raccomandazioni per altri insegnanti che stanno considerando l'uso di ChatGPT nella loro pratica didattica?*
Sì, consiglio di utilizzare ChatGPT in modo mirato
Sì, consiglio di formarsi sull'uso di ChatGPT
No, non ho suggerimenti da condividere

10. *Se sì quali...*

11. *Come vedi in futuro il ruolo dell'insegnante con l'introduzione dell'IA?*
Gli insegnanti verranno sostituiti dall'IA

Gli insegnanti si avvarranno dell'IA per risparmiare tempo e creare lezioni adatte a tutti gli alunni

Gli insegnanti non utilizzeranno l'IA e continueranno in modo tradizionale

12. *Ritieni che l'IAG possa svolgere un ruolo importante nell'educazione del futuro?*

Sì, può migliorare l'educazione in modo significativo

No, non è adatto all'ambiente educativo

Non sono sicuro/a

Indice

Premessa
Smartphone e IA a scuola: la posizione del ministero. 5

Lo studio di Imparadigitale, 7; *La formazione sull'IA*, 8; *Conclusioni*, 11.

Introduzione. 13

Capitolo Primo
La tecnologia nella didattica moderna. 17

Famiglia e sicurezza, 18; *Dispositivi digitali a scuola: divieti e opportunità*, 21; *Formazione docenti*, 26; *Pro e contro i dispositivi mobili a scuola*, 27; *Al di là della tecnologia: guidare gli studenti nell'era digitale con consapevolezza*, 34.

Capitolo Secondo
Fondamenti di sicurezza digitale 37

Privacy e sicurezza online, 37; *Le basi: password e autenticazione a due fattori*, 39; *Phishing e so-*

cial engineering, 41; *Il tema della privacy*, 43; *Non è solo una foto!*, 45; *Come difendersi?*, 46; *Attenzione alle app e alle licenze di utilizzo*, 48; *Esercizi per i ragazzi*, 50; *Sicurezza digitale: il cammino educativo verso una cittadinanza consapevole*, 51.

Capitolo Terzo
Utilizzare gli smartphone in modo produttivo . . . 54

Google Workspace for Education, 54; *Microsoft Teams per le scuole*, 55; *Zoom for Education*, 56; *Google Arts & Culture*, 58; *Minecraft Education Edition*, 60; *ChatGPT e Copilot*, 62; *Dall-E e Microsoft Designer*, 64; *Microsoft Forms*, 66; *Google Forms*, 67; *Google Earth*, 68; *Google Traduttore*, 70; *DeepL*, 71; *Mizou*, 72; *Assemblr EDU*, 73; *Algor Education*, 75; *Gamma*, 76; *Tecnologia e didattica: trasformare lo smartphone in un compagno di viaggio educativo*, 77.

Capitolo Quarto
L'intelligenza artificiale nella didattica 80

IA generativa: di cosa stiamo parlando?, 81; *IA generativa: una splendida illusione. Che però funziona benissimo*, 83; *IA nella didattica: uno strumento utile o dannoso per i ragazzi?*, 87; *IA nella didattica: esempi pratici*, 88; *Educare nell'era dell'IA: domande umane in un mondo di risposte artificiali*, 92.

Capitolo Quinto
Progetti e attività didattiche. 95

Attività per le scuole elementari, 95; *Attività per le scuole medie*, 98; *Attività per le scuole superiori*, 102; *Come creare progetti di gruppo multimediali*, 106; *L'aula del futuro: dove la tecnologia incontra il talento umano*, 109.

Capitolo Sesto
Casi di successo 112

Il Cognitive Tutor della Carnegie Mellon University, 113; *L'IA entra a scuola con Labster*, 114; *Gite virtuali con CodyTrip*, 116; *Arriva ClassMate Robot, il primo edudroide*, 119; *Educazione e intelligenza artificiale: un viaggio tra tecnologia, psicologia e relazioni*, 121.

Capitolo Settimo
L'IA per le incombenze burocratiche degli insegnanti 124

Ritrovare il cuore dell'educazione: l'IA al servizio della relazione umana, 129.

Tutti gli strumenti citati 133

Appendice
Insegnanti lucani e intelligenza artificiale generativa 137

Campione e analisi dei dati, 138; *Commento sull'esito*, 142; *Questionario per gli insegnanti*, 144.

Nel Catalogo Mursia

Dello stesso Autore

Roberta Bruzzone-Giuseppe Lavenia
Il patentino digitale per una navigazione sicura
Guida per genitori ed educatori
Come difendersi dai predatori online
Manuale e test per ragazzi

La guida alla patente digitale offre spunti di consapevolezza per genitori e insegnanti che devono, per primi, valutare la maturità cognitiva raggiunta dai ragazzi: primo passo necessario per permettere loro di padroneggiare smartphone e tablet con sicurezza. Nel capitolo dedicato al darkweb, Roberta Bruzzone indica le insidie e i pericoli in cui i ragazzi possono incorrere, i trabocchetti seminati da esperti del male e spiega come operare un valido controllo. Il libro suggerisce inoltre una bozza di contratto-accordo (Patto) che può essere firmato tra adulto e ragazzo per definire in modo consapevole le regole per una navigazione sicura. La guida, un vero e proprio manuale, contiene numerosi esercizi e test rivolti separatamente sia agli adulti che ai ragazzi.

Roberta Bruzzone-Giuseppe Lavenia
Il patentino digitale per una navigazione sicura
Manuale e test per ragazzi

Avere un cellulare è divertente, ma allo stesso tempo richiede consapevolezza e responsabilità perché il suo uso superficiale può spingerti in seri pericoli. Sai cosa sono il cyberbullismo e il sexting? Sai che cos'è una challenge e quali rischi può presentare? Questo manuale ti insegnerà a usare al meglio il tuo smartphone evitando i rischi che il web nasconde. Alcuni esempi mirati, qualche esercizio e un test ti faranno capire come chattare in WhatsApp, guardare i canali di YouTube e postare una foto su Instagram senza cadere in qualche trappola.

Made in United States
Troutdale, OR
11/03/2026

56847582R00090